JN419318

영원한 성전

ΑΠΟΚΑΛΥΨΙΣ ΙΩΑΝΝΟΥ

신약성서 헬라어 원전 강해 시리즈 10 — 요한계시록

영원한 성전: ΑΠΟΚΑΛΥΨΙΣ ΙΩΑΝΝΟΥ

2025년 9월 17일 처음 펴냄

지은이   진철
펴낸이   김영호
펴낸곳   도서출판 동연
주 소   서울시 마포구 월드컵로 163-3
전화/팩스   02-335-2630 / 02-335-2640
이메일   yh4321@gmail.com
인스타그램   dongyeon_press

ISBN 978-89-6447-434-1 04230
ISBN 978-89-6447-893-6 04230(신약성서 헬라어 원전 강해 시리즈)

신약성서 헬라어 원전 강해 시리즈 10
요한계시록

영원한
성전

ΑΠΟΚΑΛΥΨΙΣ ΙΩΑΝΝΟΥ

진철 지음

R

evelation

10

동연

경애하는

박봉순 선교사님께

추 천 의 글

사랑하는 진철 목사님의 요한계시록 원전 강해『영원한 성전』
출간을 축하합니다.

제가 진 목사님을 처음 만난 곳은 1979년 7월 광주교도소 특별사
동입니다. 저는 1975년 조작된 재일교포 유학생 학원 침투 간첩단사
건*에 연루되어 광주교도소에 수감되어 있었습니다. 어느 날 특별사
동에서 반장 역할을 하던 서울대 경제학과 출신인 김병곤 선생**이
제 방 앞에 와서 말했습니다.

"행님예, 행님 후배 하나 왔심더~."

감방에서 일어나 창살을 통해 내다보니 어떤 젊은이가 푸른 죄수
복을 입고 복도에 서 있었습니다. 그래서 "자네 이름이 뭔가?" 물으니,
"한신 75학번 진철입니다"라고 대답했습니다.

그는 1977년 5월 한신대 신앙고백서 사건으로 구속되어 원심 2년
의 형기를 다 채웠으나 석방되지 못하고, 감옥에서 유신철폐, 긴급조

---

* 이 사건은 2011년 대한민국 법원에 의해 재심청구가 받아들여졌고, 2017.3.30 대법원
　에서 무죄판결이 확정되었다. 이 조작사건을 총지휘하고 직접 언론에 발표했던 인물이
　당시 중앙정보부 대공수사국장이었으며 훗날 박근혜 정부 대통령 비서실장을 지낸 김
　기춘이다.

**민청학련 사건 때 사형선고를 받고 민중의 고난에 참여하게 되어 영광이라고 말했던
　인물. 그가 1990년 37세의 나이에 암으로 일찍 세상을 떠났을 때 문익환 목사님은 대통
　령감을 잃었다며 크게 아쉬워하셨다.

치 해제를 외친 것이 추가 건으로 기소되어 다시 1심에서 1년 6개월을 선고받고 항소하여 광주교도소까지 오게 되었던 것입니다. 우리는 1979. 10. 26. 박정희 대통령이 살해된 후 석방되어 1980년 3월 한신에 복학했습니다. 그러나 1980. 5. 17. 24시 전두환 신군부 세력이 내린 비상계엄 전국 확대(이것이 광주 5.18의 시작입니다)로 수배되어 또다시 학교에서 제적당했습니다. 그리고 1984년 3월 문교부 복교령에 의해 다시 복학하여 뒤늦게 졸업하게 되었습니다.

그후 저는 교회 목회를 하였고, 진 목사님은 공장에 들어가 한동안 노동운동을 하다가 민중교회 운동에 참여하기 위해 교회를 개척했습니다. 그러던 중 그는 우연히 아버지를 모시고 기도원에 올라갔다가 은혜를 받고 상당히 오랜 기간, 거의 30년 동안 모든 사회적 관계를 끊고 두문불출하며 말씀 연구에 전념했습니다. 그리고 스스로의 힘으로 신약성서 헬라어 원전에 도전하여 마침내 강해서까지 내게 되었습니다.

저는 이것이 우리 한신 운동권의 자랑이며, 또한 우리 기장 교단 전체의 소중한 자산이라고 생각합니다. 특히 한신 선후배들과 타교단 목사님과 성도들의 후원 속에 계속해서 강해서들이 출판되고 있는 것은 하나님의 큰 은혜입니다.

이번 요한계시록 강해는 처음부터 끝까지 종말론적 메시지로 가득 차 있습니다.

옛 세상은 심판받아 사라지고, 순수하게 믿음을 지키며 인내한 성도들에게는 새하늘과 새땅이 약속됩니다. 오늘날 한국교회 강단은 물질주의, 성공주의 등으로 오염되어 있습니다. 외치는 자 많건마는 생명수는 말랐습니다. 생수는 고갈되어 성도들의 영혼이 목말라 하고 있습니다. 교회와 성도들의 정체성이 흔들리고 있습니다. 우리는 이 책의 해설을 통하여 하늘의 음성을 듣고 새 힘을 얻어 교회를 새롭게 하고 역사를 새롭게 해야 할 것입니다.

사도 요한이 계시받은 그대로 원어를 번역하고 해설한 이 책을 통하여 성령의 감동으로 새하늘과 새땅을 바라보고 위기에 빠진 한국교회가 생기를 얻고 새로워져 이 땅에 하나님의 정의, 평화, 생명이 충만하게 되기를 기도합니다. 이 책이 위기에 처한 한국교회와 성도들을 살리는 데 큰 역할을 하리라고 확신합니다.

2025. 9.

전병생

익산노회 원로목사

나는 진 목사가 글을 쓰는 모습을 보면 자연스럽게 구약의 두 인물 사무엘과 예레미야를 떠올린다. 사무엘이 성전에서 누워 자다가 하나님의 음성을 들었던 것처럼, 진 목사도 예배당 강단 옆에 조그마한 침상을 마련해 놓고 그곳에서 눕고 기도하며 성경 해설을 써 내려간다. 예레미야가 하나님의 말씀이 임하지 않을 때는 긴 침묵 속에 기다리다가도 "여호와께서 이같이 말씀하시되"라고 말씀이 임할 때 폭포수처럼 말씀을 전했던 것처럼, 진 목사 역시 어떤 때는 오랜 시간 아무 글도 쓰지 않다가도 하나님의 말씀이 임하면 하루에도 여러 꼭지씩 성경 해설을 쏟아낸다.

내가 아는 한, 그의 성경 해설은 단순히 책상 위에서 지식으로 쓴 글이 아니다. 성경을 온전히 이해하고자 하는 갈망 속에서 헬라어 원전을 직접 번역하고, 오랜 기도와 묵상을 통해 길어 올린 말씀의 열매다.

그런 그가 요한계시록을 해설한다고 했을 때, 나는 적잖은 염려를 했다. 시적 언어와 상징이 가득한 난해한 이 책을 그가 어떻게 해석할까, 혹시 주관적인 해석에 머물지는 않을까 하는 우려였다. 그러나 그가 해설한 원고를 받아보며 그런 염려는 곧 사라졌다.

그의 해설은 헬라어 원문에 철저히 근거해 있으며 객관성을 잃지 않았다. 무엇보다 모든 해설이 예수 그리스도와 그의 십자가, 부활로 귀결되며 철저히 케리그마(Kerygma)에 입각해 있다는 점에서 깊은 신뢰를 주었다. 이는 번영 신학과 무속적 성경 해석으로 물든 한국 교회 안에서 순전한 복음을 지키려는 고결한 노력이라 말할 수 있다.

진철 목사를 아는 이는 많지 않다. 그러나 그를 아는 사람들은 한결같이 그가 가진 탁월한 언어 감각과 복음에 대한 순수한 열정 그리고 그리스도를 사랑하는 진실한 마음을 인정한다. 그의 글은 독자가 이해할 수 없는 난해한 신학 용어를 나열하는 글이 아니라, 말씀의 본뜻을 밝히려는 열정과 설교자의 심장에서 우러나온 진실한 글이다.

이 책은 그런 목회자의 삶과 영성에서 나온 해설서이기에, 단지 성경 주석 이상의 가치를 지닌다. 나는 이 책이 말씀을 사모하는 이들에게 깊은 유익을 줄 것이라 확신한다.

2025. 7.
배상왕
삼일교회 원로목사
전 한신대 신학대학원 운영위원장

머 리 말

    작년 7.22 한신대 수유리 캠퍼스에서 스승이신 김경재 교수님을 모신 가운데 [영원한 로고스 — 요한복음 강해]의 출판기념회가 열렸습니다. 행사가 끝나고 우리는 교수님을 사랑의 신학회 카톡방에 초청했습니다. 교수님은 우리 카톡방에 <증언과 고백>이라는 제목의 글을 30개 남기셨습니다. 교수님은 주님 품으로 가시기 얼마 전 요한계시록까지 신약성서 전부를 강해하는 것이 사명이라는 말씀을 주셨습니다. 사실 저는 그때만 해도 여러 가지 사정으로 로마서를 끝으로 원전 강해를 마치려 했습니다. 교수님은 세상을 떠나셨고, 이제 그 말씀은 저에게 주시는 유언이 되었습니다.

    요한계시록은 강해 시리즈 마지막 제10권이지만 다른 책보다 먼저 세상에 나오게 되었습니다. 말도 많고 탈도 많은 요한계시록을 강해하는 것은 큰 용기가 필요했습니다. 그러나 지금까지 이끌어주신 주님의 도우심으로 책을 완성하게 되었습니다.

    요한계시록은 어린양 예수 그리스도와 그의 신부인 교회의 사랑 이야기입니다. 주님께서는 부활의 세계인 새하늘과 새땅에서의 재회를 약속하시고 하늘 보좌로 올라가셨습니다. 그리고 교회는 죄많은 세상에 남겨져 있습니다. 교회는 고난 속에 인내하면서 그리스도와 영화로운 만남을 향해 나아갑니다. 세상은 그리스도의 몸인 교회를 핍박하고 예수의 증인들을 죽이며 세력을 떨칩니다. 그러나 그것은 이미 하나님의 심판 아래 멸망당할 운명을 가진 일시적 승리일

뿐입니다. 사탄과 그의 추종 세력들은 붙잡혀 영원한 형벌 속에 던져지고, 어린양의 신부인 교회는 영화로운 혼인식을 통해 그리스도의 아내가 되어 새하늘과 새땅, 하나님 나라를 상속받는 최후의 승리자가 됩니다. 요한계시록은 세상 속에 있는 교회가 그리스도께서 약속하신 이 종말론적 목표를 향하여 믿음과 인내로 용감하게 전진할 것을 권면하는 희망의 메시지입니다. 그러므로 그리스도와 그의 신부인 교회의 사랑 이야기라는 관점에서 읽으면 요한계시록은 너무나 아름답고 박진감 넘치는 승리의 노래가 됩니다. 이 아름다운 승리의 노래가 주님 다시 오시는 그날까지 온 세상에 가득 넘치게 되기를 소망합니다.

2025. 9.

진 철

차 례

⊕

추천사 … 6

머리말 … 11

⊕

요한계시록 1장

때가 가깝다(1:1-8)   17

예수의 실체(1:9-20)   23

요한계시록 2장

에베소교회에 보낸 편지(2:1-7)   28

스뮈르나교회에 보낸 편지(2:8-11)   33

페르가몬교회에 보낸 편지(2:12-17)   36

뒤아테이라교회에 보낸 편지(2:18-29)   40

요한계시록 3장

사르디스교회에 보낸 편지(3:1-6)   46

필라델피아교회에 보낸 편지(3:7-13)   51

라오디케이아교회에 보낸 편지(3:14-22)   56

요한계시록 4장

영광의 본체(4:1-11)   61

요한계시록 5장

살해당한 어린양(5:1-14) 67

요한계시록 6장

어린양이 봉인을 열다(6:1-17) 74

요한계시록 7장

144,000명과 흰옷 입은 사람들(7:1-17) 82

요한계시록 8장

교회의 사명(8:1-5) 90

종말론적 재앙들(8:6-13) 93

요한계시록 9장

메뚜기들과 기병대(9:1-21) 98

요한계시록 10장

힘센 천사와 두루마리(10:1-11) 107

요한계시록 11장

두 증인 이야기: 교회의 승리(11:1-14) 112

성전이 열리다(11:15-19) 119

요한계시록 12장

교회의 권세와 영광(12:1-18) 123

요한계시록 13장

가짜 삼위일체와 사기꾼들(13:1-18) 131

요한계시록 14장

첫 열매 — 144,000(14:1-5)   139

땅의 추수(14:6-20)   142

요한계시록 15장

하나님의 기타와 불 섞인 유리 바다와 성전의 연기(15:1-8)   149

요한계시록 16장

하르마게돈(16:1-21)   154

요한계시록 17장

큰 창녀와 짐승(17:1-18)   163

요한계시록 18장

바빌론의 멸망(18:1-24)   171

요한계시록 19장

어린양의 신부와 하늘의 군대(19:1-21)   182

요한계시록 20장

천년왕국과 곡과 마곡의 전쟁(20:1-15)   192

요한계시록 21장

새하늘과 새땅(21:1-8)   200

새예루살렘(21:9-22:5)   205

요한계시록 22장

성령과 신부(22:6-21)   214

일러두기

신약성경 헬라어 원문은 독일성서공회(Deutsche Bibelgesellschaft)의 "헬라어
성경"(academic-bible.com)에서 인용하였습니다.

때가 가깝다
계 1:1-8

1:1

Ἀποκάλυψις Ἰησοῦ Χριστοῦ ἣν ἔδωκεν αὐτῷ ὁ θεὸς δεῖξαι τοῖς δούλοις αὐτοῦ ἃ δεῖ γενέσθαι ἐν τάχει, καὶ ἐσήμανεν ἀποστείλας διὰ τοῦ ἀγγέλου αὐτοῦ τῷ δούλῳ αὐτοῦ Ἰωάννῃ,

하나님께서 반드시 속히 일어날 일들을 그의 종들에게 보여주기 위하여 그에게 주신 예수 그리스도의 계시. 그리고 그는 그의 천사들을 통하여 그의 종 요한에게 보내어 나타내셨다.

1:2

ὃς ἐμαρτύρησεν τὸν λόγον τοῦ θεοῦ καὶ τὴν μαρτυρίαν Ἰησοῦ Χρισ τοῦ ὅσα εἶδεν.

요한은 하나님의 말씀과 그가 본 바 예수 그리스도의 증거를 증언했다.

1:3

Μακάριος ὁ ἀναγινώσκων καὶ οἱ ἀκούοντες τοὺς λόγους τῆς προφη τείας καὶ τηροῦντες τὰ ἐν αὐτῇ γεγραμμένα, ὁ γὰρ καιρὸς ἐγγύς.

예언의 말씀들을 낭독하는 자와 듣는 자들과 그 안에 기록된 것들을 지키는 자들은 행복하다. 이는 때가 가깝기 때문이다.

1:4

Ἰωάννης ταῖς ἑπτὰ ἐκκλησίαις ταῖς ἐν τῇ Ἀσίᾳ· χάρις ὑμῖν καὶ εἰρήνη ἀπὸ ὁ ὢν καὶ ὁ ἦν καὶ ὁ ἐρχόμενος καὶ ἀπὸ τῶν ἑπτὰ πνευμάτων ἃ ἐνώπιον τοῦ θρόνου αὐτοῦ

요한은 아시아에 있는 일곱 교회에게 지금 계시고, 전에 계셨고, 오고 계시는 분으로부터 그리고 그의 보좌 앞에 있는 일곱 영으로부터

1:5

καὶ ἀπὸ Ἰησοῦ Χριστοῦ, ὁ μάρτυς, ὁ πιστός, ὁ πρωτότοκος τῶν νεκρῶν καὶ ὁ ἄρχων τῶν βασιλέων τῆς γῆς. Τῷ ἀγαπῶντι ἡμᾶς καὶ λύσαντι ἡμᾶς ἐκ τῶν ἁμαρτιῶν ἡμῶν ἐν τῷ αἵματι αὐτοῦ,

그리고 증인이시요, 충성된 자요, 죽은 자들 가운데서 먼저 태어나신 자요, 땅의 왕들의 통치자인 예수 그리스도로부터 은혜와 평화가 너희에게 있기를. 우리를 사랑하사 자기의 피로 우리의 죄들에서 우리를 풀어주시고

1:6

καὶ ἐποίησεν ἡμᾶς βασιλείαν, ἱερεῖς τῷ θεῷ καὶ πατρὶ αὐτοῦ, αὐτῷ ἡ δόξα καὶ τὸ κράτος εἰς τοὺς αἰῶνας τῶν αἰώνων· ἀμήν.

우리를 하나님 곧 그의 아버지께 나라와 제사장들로 만드신 분에게, 그에게 영광과 권능이 세세 무궁토록 있을지어다. 아멘.

1:7

δοὺ ἔρχεται μετὰ τῶν νεφελῶν, καὶ ὄψεται αὐτὸν πᾶς ὀφθαλμὸς καὶ οἵτινες αὐτὸν ἐξεκέντησαν, καὶ κόψονται ἐπ᾽ αὐτὸν πᾶσαι αἱ φυλαὶ τῆς γῆς. ναί, ἀμήν.

보라! 그가 구름들과 함께 온다. 그리고 모든 눈과 그를 찔렀던 자들이 그를 볼 것이다. 그리고 땅의 모든 족속이 그를 향해 가슴을 칠 것이다. 그렇습니다. 아멘.

1:8

Ἐγώ εἰμι τὸ ἄλφα καὶ τὸ ὦ, λέγει κύριος ὁ θεός, ὁ ὢν καὶ ὁ ἦν καὶ ὁ ἐρχόμενος, ὁ παντοκράτωρ.

"나는 알파와 오메가다." 주 하나님, 곧 지금 계시고, 전에 계셨고, 오고 계시는 분, 전능자가 말씀하신다.

요한계시록은 하나님께서 사도 요한에게 예수 그리스도를 계시하신 책이다. 계시의 주체는 하나님이고, 계시의 내용은 예수 그리스도이고, 계시를 받은 사람은 요한이다. 요한은 자신이 스승으로 섬겼던 나사렛 예수를 다시 만난다. 그러나 그 예수는 더 이상 과거의 다정하고 친밀했던 인간 예수가 아니라 영원한 영광의 신이다. 예수 그리스도는 두려움과 경배의 대상이요, 천국과 지옥의 권세를 쥐고 있는 심판자다.

우주의 종말과 함께 새하늘과 새땅의 창조를 담고 있는 이 아름답고 웅장한 이야기는 여러 가지 시각적인 요소로 가득 차 있다. 그러므로 요한계시록의 내용을 이해하려면 어린아이와 같은 풍부한 만화적 상상력이 요구된다. 요한계시록은 요한복음과 마찬가지로 매우 어색하고 서툰 헬라어로 되어 있다. 이 거룩한 예언의 말씀이 이제 말을 배우기 시작한 어린이의 베이비 토크 형식의 그릇에 담겨 있다는 것은 참으로 기이하고 놀라운 일이다. 시편 8장 1-2절에는 이렇게 기록되어 있다.

여호와 우리 주여 주의 이름이 온 땅에 어찌 그리 아름다운지요 주의 영광이 하늘을 덮었나이다
주의 대적으로 말미암아 어린 아이들과 젖먹이들의 입으로 권능을 세우심이여 이는 원수들과 보복자들을 잠잠하게 하려 하심이니이다

인류의 조상을 타락시켜 온 세상을 죄, 저주와 사망의 골짜기로 만든 원수 마귀, 사탄과 그 졸개들이 붙잡혀 영원한 유황불 속에 산채로 던져지고 새하늘과 새땅이 펼쳐지는 이 장엄한 우주적 승리의 노래가 신약성서 저자들 가운데 가장 미숙한 언어 능력자를 통해 기록되었다는 것은 그 자체로 계시적 의미를 품고 있다. 그것은 어린아이의 천진난만함과 순수함으로 이 세상의 지혜자들과 권세자들을 심판하려는 것이다.

사도 요한이 받은 계시는 인간이 감당할 수 없는 것으로, 그는 성령의 힘에 이끌려 천상의 세계로 올라가 영광의 보좌에 앉으신 하나님을 본다. 그리고 보좌 주변에서 하나님의 영광을 찬양하는 네 생명체와 24명의 장로와 수많은 천사와 종려나무 가지를 들고 있는 흰옷 입은 성도들을 본다. 그리고 그 한복판에는 일곱 개의 뿔과 일곱 개의 눈을 가진 도살 당한 어린양이 서 있는데, 바로 이 어린양이 요한계시록의 주인공이다. 요한계시록은 많은 고난 속에서 인내와 눈물을 통해 그리스도의 영광으로 들어가는 교회의 사랑 이야기다. 그러므로 요한계시록의 주제 역시 믿음, 소망, 사랑이다.

사도 요한이 이 거룩한 계시의 통로가 되는 축복을 받게 된 것은 그가 예수 그리스도를 목숨 바쳐 사랑했기 때문이다. 이 편지는 사도 요한이 받은 계시를 아시아에 있는 일곱 교회에게 보내는 편지 형식으로 되어 있다. 편지는 공식 예배 시간에 누군가에 의해 교인들 앞에서 낭독된 후 다른 교회에 전달되었을 것이다.

요한계시록 1장에는 영광의 본체이신 성 삼위일체 하나님의 실체가 계시되어 있다.

아버지 = 지금 계시고 전에도 계셨고 장차 오실 분(영원한 존재자), 알파
　　　와 오메가(역사의 주관자), 전능자(절대주권적 통치자)
아들 = 증인, 충성된 자, 부활의 첫 열매, 땅의 왕들의 통치자, 대속의 구원
　　　자, 종말론적 심판자
성령 = 보좌 앞에 있는 일곱 영

　때가 가깝다는 것은 세상의 종말이 가깝다는 것, 세상을 타락시키
는 자들에 대한 심판이 가깝다는 것, 예수 그리스도의 재림이 가깝다
는 것, 고난 중에 있는 교회에 승리의 날이 가깝다는 것이다. 그러므로
이것은 끝까지 인내하여 예수 그리스도에 대한 믿음을 지키고 종말론
적 희망의 약속인 하나님의 나라를 차지하는 사랑의 승리자가 되어야
한다는 권면의 말씀이다.

예수의 실체

계 1:9-20

1:9

Ἐγὼ Ἰωάννης, ὁ ἀδελφὸς ὑμῶν καὶ συγκοινωνὸς ἐν τῇ θλίψει καὶ βασιλείᾳ καὶ ὑπομονῇ ἐν Ἰησοῦ, ἐγενόμην ἐν τῇ νήσῳ τῇ καλουμένῃ Πάτμῳ διὰ τὸν λόγον τοῦ θεοῦ καὶ τὴν μαρτυρίαν Ἰησοῦ.

너희의 형제요 예수 안에서 고난과 나라와 인내에 함께 참여한 자인 나 요한은, 하나님의 말씀과 예수의 증거 때문에 파트모스라 불리는 섬에 있었다.

1:10

ἐγενόμην ἐν πνεύματι ἐν τῇ κυριακῇ ἡμέρᾳ καὶ ἤκουσα ὀπίσω μου φωνὴν μεγάλην ὡς σάλπιγγος

주의 날에 나는 성령에 사로잡혀 있었다. 그리고 나의 뒤에서 나팔 같은 소리를 들었다.

1:11

λεγούσης· ὃ βλέπεις γράψον εἰς βιβλίον καὶ πέμψον ταῖς ἑπτὰ ἐκκλησίαις, εἰς Ἔφεσον καὶ εἰς Σμύρναν καὶ εἰς Πέργαμον καὶ εἰς

Θυάτειρα καὶ εἰς Σάρδεις καὶ εἰς Φιλαδέλφειαν καὶ εἰς Λαοδίκειαν.

말씀하시기를, 네가 본 것들을 두루마리에 써서 일곱 교회에게 보내라. 에베소에, 스뮈르나에, 페르가몬에, 뒤아테이라에, 사르디스에, 필라델피아에, 라오디케이아에.

1:12

Καὶ ἐπέστρεψα βλέπειν τὴν φωνὴν ἥτις ἐλάλει μετ᾽ ἐμοῦ, καὶ ἐπιστρέψας εἶδον ἑπτὰ λυχνίας χρυσᾶς

그리고 나는 나와 함께 이야기하는 소리를 보기 위해 돌아섰다. 그리고 돌아섰을 때 나는 일곱 개의 금 등잔대를 보았다.

1:13

καὶ ἐν μέσῳ τῶν λυχνιῶν ὅμοιον υἱὸν ἀνθρώπου ἐνδεδυμένον ποδήρη καὶ περιεζωσμένον πρὸς τοῖς μαστοῖς ζώνην χρυσᾶν.

그리고 그 등잔대들 사이에서 사람의 아들 같은 분을 보았는데, 그는 발까지 내려오는 긴 옷을 입고 있었고, 가슴에는 금띠를 띠고 있었다.

1:14

ἡ δὲ κεφαλὴ αὐτοῦ καὶ αἱ τρίχες λευκαὶ ὡς ἔριον λευκὸν ὡς χιὼν καὶ οἱ ὀφθαλμοὶ αὐτοῦ ὡς φλὸξ πυρὸς

그의 머리는 양털같이 희었고, 그의 머리카락은 눈같이 희었고, 그의 눈들은 불꽃 같았다.

1:15

καὶ οἱ πόδες αὐτοῦ ὅμοιοι χαλκολιβάνῳ ὡς ἐν καμίνῳ πεπυρωμένης
καὶ ἡ φωνὴ αὐτοῦ ὡς φωνὴ ὑδάτων πολλῶν,

그리고 그의 발들은 풀무 속에 달구어진 청동 같았고, 그의 음성은 많은
물의 소리 같았다.

1:16

καὶ ἔχων ἐν τῇ δεξιᾷ χειρὶ αὐτοῦ ἀστέρας ἑπτὰ καὶ ἐκ τοῦ στόματος
αὐτοῦ ῥομφαία δίστομος ὀξεῖα ἐκπορευομένη καὶ ἡ ὄψις αὐτοῦ ὡς
ὁ ἥλιος φαίνει ἐν τῇ δυνάμει αὐτοῦ.

그리고 그는 그의 오른손에 일곱 개의 별을 가지고 있었고, 그의 입에서는
두 날 가진 예리한 칼이 나오고 있었고, 그의 모습은 해가 자기의 능력으로
비추는 것 같았다.

1:17

Καὶ ὅτε εἶδον αὐτόν, ἔπεσα πρὸς τοὺς πόδας αὐτοῦ ὡς νεκρός, καὶ
ἔθηκεν τὴν δεξιὰν αὐτοῦ ἐπ᾽ ἐμὲ λέγων·
μὴ φοβοῦ· ἐγώ εἰμι ὁ πρῶτος καὶ ὁ ἔσχατος

그리고 내가 그를 보았을 때 나는 그의 발 앞에 쓰러져 죽은 사람처럼
되었다. 그러자 그가 나에게 그의 오른손을 대면서 말했다.
"무서워하지 말라. 나는 처음이요 마지막이다.

1:18

καὶ ὁ ζῶν, καὶ ἐγενόμην νεκρὸς καὶ ἰδοὺ ζῶν εἰμι εἰς τοὺς αἰῶνας τῶν αἰώνων καὶ ἔχω τὰς κλεῖς τοῦ θανάτου καὶ τοῦ ἅδου.

그리고 나는 살아 있는 자다. 그리고 나는 죽었었다. 그리고 보라! 나는 세세 무궁토록 살아 있고, 죽음과 음부의 열쇠를 가지고 있다.

1:19

γράψον οὖν ἃ εἶδες καὶ ἃ εἰσὶν καὶ ἃ μέλλει γενέσθαι μετὰ ταῦτα.

그러므로 네가 본 것들, 곧 지금 있고 이후에 장차 일어날 일들을 기록하라.

1:20

τὸ μυστήριον τῶν ἑπτὰ ἀστέρων οὓς εἶδες ἐπὶ τῆς δεξιᾶς μου καὶ τὰς ἑπτὰ λυχνίας τὰς χρυσᾶς· οἱ ἑπτὰ ἀστέρες ἄγγελοι τῶν ἑπτὰ ἐκκλησιῶν εἰσιν καὶ αἱ λυχνίαι αἱ ἑπτὰ ἑπτὰ ἐκκλησίαι εἰσίν.

네가 나의 오른손에서 본 일곱 개의 별은 일곱 교회의 사자이고, 일곱 개의 금 등잔대는 일곱 교회이다.”

　　요한은 하나님의 말씀과 예수의 부활을 증거하다가 파트모스섬에 유배된 후 어느 주일날 성령에 사로잡혀 환상 가운데 부활하신 예수를 다시 만난다. 그 순간 그는 예수의 발 앞에 쓰러져 죽은 사람처럼 된다. 그리고 예수가 그에게 손을 얹었을 때 그는 살아난다. 이로써 예수의 실체가 드러난다. 예수는 죽었다가 다시 살아난 자요, 처음이요 마지막인 자요, 사망과 음부의 열쇠를 가지고 있는 자로 자신을 계시한다. 예수는 부활이요 생명이며, 역사의 시작과 종말이며, 산 자와 죽은 자의 심판자다. 모든 인간은 예수 앞에 서게 되면 죽는다. 그리고 그의 이름을 믿는 자는 생명의 부활로, 그의 이름을 믿지 않는 자는 심판의 부활로 내세를 맞이하게 될 것이다. 천국과 지옥의 영원한 운명은 십자가에 못 박힌 자와의 관계에서 결정된다. 이 절대주권적 심판자는 자신의 피로 세운 교회를 통하여 역사 속에 현존한다. 그리고 그가 밤하늘의 빛나는 별처럼 사랑하는 것은 그의 이름을 선포하는 말씀의 종들이다. 교회는 우주의 등불인 예수를 모시는 금 등잔대요, 말씀의 종은 예수의 손에 잡혀 있는 아름다운 별이다.

에베소교회에 보낸 편지

계 2:1-7

2:1

Τῷ ἀγγέλῳ τῆς ἐν Ἐφέσῳ ἐκκλησίας γράψον·

Τάδε λέγει ὁ κρατῶν τοὺς ἑπτὰ ἀστέρας ἐν τῇ δεξιᾷ αὐτοῦ, ὁ περιπατῶν ἐν μέσῳ τῶν ἑπτὰ λυχνιῶν τῶν χρυσῶν·

에베소에 있는 교회의 사자에게 써라.

그의 오른손에 일곱 개의 별을 잡고 있는 자, 일곱 개의 금 등잔대 사이를 거니는 자가 이것을 말한다.

2:2

οἶδα τὰ ἔργα σου καὶ τὸν κόπον καὶ τὴν ὑπομονήν σου καὶ ὅτι οὐ δύνῃ βαστάσαι κακούς, καὶ ἐπείρασας τοὺς λέγοντας ἑαυτοὺς ἀποστόλους καὶ οὐκ εἰσὶν καὶ εὗρες αὐτοὺς ψευδεῖς

"나는 너의 행위들, 곧 너의 수고와 인내 그리고 네가 악한 자들을 용납할 수 없었다는 것과 스스로를 선지자라고 말하지만 사실은 아닌 자들을 시험하여 그들이 거짓말쟁이라는 것을 밝혀낸 것을 알고 있다.

2:3

καὶ ὑπομονὴν ἔχεις καὶ ἐβάστασας διὰ τὸ ὄνομά μου καὶ οὐ κεκοπίακες.

그리고 너는 인내심이 있으며, 나의 이름을 위하여 견디면서도 지치지 않았다.

2:4

ἀλλ᾽ ἔχω κατὰ σοῦ ὅτι τὴν ἀγάπην σου τὴν πρώτην ἀφῆκες.

그러나 나는 너에 대하여 책망할 것이 있으니 이는 네가 처음 사랑을 버렸다는 것이다.

2:5

μνημόνευε οὖν πόθεν πέπτωκας καὶ μετανόησον καὶ τὰ πρῶτα ἔργα ποίησον· εἰ δὲ μή, ἔρχομαί σοι καὶ κινήσω τὴν λυχνίαν σου ἐκ τοῦ τόπου αὐτῆς, ἐὰν μὴ μετανοήσῃς.

그러므로 네가 어디서 넘어졌는지 생각하라. 그리고 너의 처음 행위들을 행하라. 그렇지 않으면 내가 가서 너의 등잔대를 그 장소에서 옮길 것이다. 만약 네가 회개하지 않으면.

2:6

ἀλλὰ τοῦτο ἔχεις, ὅτι μισεῖς τὰ ἔργα τῶν Νικολαϊτῶν ἃ κἀγὼ μισῶ.

그러나 너는 이것을 가지고 있으니, 곧 나도 미워하는바 니콜라오스파의 행위들을 네가 미워한다는 것이다.

2:7

Ὁ ἔχων οὖς ἀκουσάτω τί τὸ πνεῦμα λέγει ταῖς ἐκκλησίαις. Τῷ νικῶντι δώσω αὐτῷ φαγεῖν ἐκ τοῦ ξύλου τῆς ζωῆς, ὅ ἐστιν ἐν τῷ παραδείσῳ τοῦ θεοῦ.

귀를 가지고 있는 자는 성령이 교회들에게 말하는 것을 들으라. 승리하는 자, 그에게는 내가 하나님의 낙원에 있는 생명나무로부터 먹을 권세를 줄 것이다."

해설

예수 그리스도께서 일곱 교회의 사자들에게 보내는 편지들은 모두 똑같은 양식을 취하고 있다.

1. …교회의 사자에게
2. …하는 자가 말한다.
3. 칭찬과 책망과 위로
4. 이기는 자에 대한 약속
5. 성령의 말씀에 순종할 것을 명령함

예수 그리스도는 각 교회에게 자기 자신을 각각 다르게 계시한다. 에베소교회에 보낸 편지에서 예수 그리스도는 오른손에 일곱 개의 별을 쥐고 있으며 일곱 개의 등잔대 사이를 거니는 자다. 예수 그리스도의 관심은 말씀의 종과 교회에 있다. 예수 그리스도의 손에 잡혀 있는 목회자는 존귀와 영광의 직분을 받은 자이며 또한 신적 권위를 가지고 있는 자다. 그리스도께서는 자신의 몸 된 교회들을 통하여 역사 속에 현존하신다.

에베소교회는 기독교 정통 신앙을 수호했던 훌륭한 교회다. 그들은 특히 이단과의 투쟁에서 충성심을 보여주었다. 그러나 그들의 교리 중심의 신앙은 점차 독선과 아집으로 흐르고 하나님의 생명의 본질인 사랑에서 멀어진다. 회개하지 않으면 등잔대를 옮기시겠다고 경고하신 것은 그들이 신학과 교리에 얽매여 기독교 신앙의 생명력인 사랑을 잃었기 때문이다. 승리하는 자에게 주어지는 하나님의 낙원에 있는 생명나무는 성령의 나무이고, 그 열매를 먹는 것은 하나님 영광의 본질에 참여하는 것이다.

스뮈르나교회에 보낸 편지

계 2:8-11

2:8

Καὶ τῷ ἀγγέλῳ τῆς ἐν Σμύρνῃ ἐκκλησίας γράψον·

Τάδε λέγει ὁ πρῶτος καὶ ὁ ἔσχατος, ὃς ἐγένετο νεκρὸς καὶ ἔζησεν·

그리고 스뮈르나에 있는 교회의 사자에게 써라.

처음이요 마지막인 자, 그리고 죽었다가 살아난 자가 이것들을 말한다.

2:9

οἶδά σου τὴν θλῖψιν καὶ τὴν πτωχείαν, ἀλλὰ πλούσιος εἶ, καὶ τὴν βλασφημίαν ἐκ τῶν λεγόντων Ἰουδαίους εἶναι ἑαυτοὺς καὶ οὐκ εἰσὶν ἀλλὰ συναγωγὴ τοῦ σατανᾶ.

"나는 너의 고난과 궁핍을 알고 있다. 그러나 너는 부유하다. 그리고 네가 자신들을 유대인이라 말하지만 사실은 아니고 오히려 사탄의 모임인 자들로부터 비방을 받고 있는 것을 나는 알고 있다.

2:10

μηδὲν φοβοῦ ἃ μέλλεις πάσχειν. ἰδοὺ μέλλει βάλλειν ὁ διάβολος ἐξ ὑμῶν εἰς φυλακὴν ἵνα πειρασθῆτε καὶ ἕξετε θλῖψιν ἡμερῶν δέκα.

γίνου πιστὸς ἄχρι θανάτου, καὶ δώσω σοι τὸν στέφανον τῆς ζωῆς.

너는 장차 당할 것을 조금도 무서워하지 말라. 보라, 너희가 시험을 받게 하려고 너희들 중의 몇 사람을 장차 마귀가 감옥에 던질 것이다. 그리고 너희는 10일 동안 고난을 받을 것이다. 너는 죽기까지 충성하라. 그러면 내가 너에게 생명의 면류관을 줄 것이다.

2:11

Ὁ ἔχων οὖς ἀκουσάτω τί τὸ πνεῦμα λέγει ταῖς ἐκκλησίαις. Ὁ νικῶν οὐ μὴ ἀδικηθῇ ἐκ τοῦ θανάτου τοῦ δευτέρου.

귀를 가지고 있는 자는 성령이 교회들에게 말하는 것을 들으라. 이기는 자는 두 번째 죽음으로부터 결단코 해를 당하지 않을 것이다."

해설

　스뮈르나교회에 보낸 편지에서 예수 그리스도는 자신을 처음이요 마지막인 자, 죽었다가 살아난 자로 계시한다. 예수 그리스도는 역사의 시작과 끝이며, 죽은 자들 가운데서 부활한 승리자다. 스뮈르나교회는 많은 고난과 궁핍 속에서도 그리스도에 대한 사랑의 순수성을 지킨 믿음의 부자였다. 특히 그들은 유대인들의 비방을 받고 있었는데, 그것은 그들이 예수 그리스도의 십자가 진리를 굳게 붙잡고 있었다는 증거다. 예수 그리스도는 스뮈르나교회에게 장차 닥칠 고난을 무서워하지 말고 끝까지 충성하면 생명의 면류관을 주겠다고 약속하신다. 생명의 면류관은 그리스도의 고난에 참여한 자가 얻는 부활의 영광이다. 주님께서는 승리하는 자에게 두 번째 죽음의 해를 당하지 않을 것이라고 약속하시는데, 이것은 심판의 부활로 끌려 나가지 않고 생명의 부활을 약속하는 축복의 말씀이다.

페르가몬교회에 보낸 편지

계 2:12-17

2:12

Καὶ τῷ ἀγγέλῳ τῆς ἐν Περγάμῳ ἐκκλησίας γράψον·

Τάδε λέγει ὁ ἔχων τὴν ῥομφαίαν τὴν δίστομον τὴν ὀξεῖαν·

그리고 페르가몬에 있는 교회의 사자에게 써라.

예리한 두 날 가진 칼을 가지고 있는 자가 이것들을 말한다.

2:13

οἶδα ποῦ κατοικεῖς, ὅπου ὁ θρόνος τοῦ σατανᾶ, καὶ κρατεῖς τὸ
ὄνομά μου καὶ οὐκ ἠρνήσω τὴν πίστιν μου καὶ ἐν ταῖς ἡμέραις Ἀντιπᾶς
ὁ μάρτυς μου ὁ πιστός μου, ὃς ἀπεκτάνθη παρ' ὑμῖν, ὅπου ὁ σατανᾶς
κατοικεῖ.

"나는 네가 어디에 거주하고 있는지 안다. 그곳은 사탄의 보좌가 있는
곳이다. 그리고 너는 나의 이름을 붙잡고, 너희 가운데서 죽임을 당한
나의 충성된 증인인 안티파스의 날에 나에 대한 믿음을 부인하지 않았다.
거기에는 사탄이 거주하고 있다.

2:14

ἀλλ᾽ ἔχω κατὰ σοῦ ὀλίγα ὅτι ἔχεις ἐκεῖ κρατοῦντας τὴν διδαχὴν
Βαλαάμ, ὃς ἐδίδασκεν τῷ Βαλὰκ βαλεῖν σκάνδαλον ἐνώπιον τῶν υἱῶν
Ἰσραὴλ φαγεῖν εἰδωλόθυτα καὶ πορνεῦσαι.

그러나 나는 너에 대하여 조금 책망할 것이 있으니, 곧 네가 거기에 발람의
교훈을 붙잡고 있는 자들을 가지고 있다는 것이다. 발람은 이스라엘 자손
들 앞에 걸려 넘어지게 하는 것을 던져 그들로 하여금 우상에게 바쳐진
것들을 먹고 음행하게 하도록 발락에게 가르친 자다.

2:15

οὕτως ἔχεις καὶ σὺ κρατοῦντας τὴν διδαχὴν τῶν Νικολαϊτῶν ὁμοίως.

이와 같이 너도 니콜라오스파의 가르침을 붙잡고 있는 자들을 마찬가지
로 가지고 있다.

2:16

μετανόησον οὖν· εἰ δὲ μή, ἔρχομαί σοι ταχὺ καὶ πολεμήσω μετ᾽
αὐτῶν ἐν τῇ ῥομφαίᾳ τοῦ στόματός μου.

그러므로 회개하라. 그렇지 않으면 내가 속히 가서 나의 입의 칼로 그들과
전쟁할 것이다.

2:17

Ὁ ἔχων οὖς ἀκουσάτω τί τὸ πνεῦμα λέγει ταῖς ἐκκλησίαις. Τῷ
νικῶντι δώσω αὐτῷ τοῦ μάννα τοῦ κεκρυμμένου καὶ δώσω αὐτῷ ψῆφον
λευκήν, καὶ ἐπὶ τὴν ψῆφον ὄνομα καινὸν γεγραμμένον ὃ οὐδεὶς οἶδεν

εἰ μὴ ὁ λαμβάνων.

귀를 가지고 있는 자는 성령이 교회들에게 말하는 것을 들으라. 이기는 그에게는 내가 흰 조약돌을 줄 것인데, 그 조약돌 위에는 받는 자 외에는 그 누구도 알지 못하는 새로운 이름이 기록되어 있다."

해설

　예수 그리스도는 페르가몬교회에 보낸 편지에서 자신을 입에서 두 날 가진 예리한 칼이 나오는 자로 계시한다. 그 칼은 천국과 지옥의 운명을 결정짓는 심판의 말씀이다. 여기에 기독교 신앙의 종말론적 성격이 드러난다. 만약 기독교 신앙이 종말론적 요소를 포기하면, 우리의 신앙은 역사와 실존의 차원에서 해체될 것이고 그 빈 공간은 온갖 종류의 거짓 영들에 의해 점령될 것이다.

　페르가몬교회는 사탄의 세력이 강력한 지역에 있었지만 그리스도를 향한 믿음을 굳게 지키고 있었다. 그러나 페르가몬교회는 하나님의 백성에게 우상에게 바쳐진 것들을 먹고 음행하도록 발락에게 가르쳤던 발람의 길을 가고 있는 니콜라오스파를 징계하는 일에 단호하지 못하고 인정에 끌려다녔다. 예수 그리스도는 페르가몬교회에게 결단을 내리지 않으면 직접 개입해서 그들을 제거하겠다고 경고한다. 그것은 교회가 예수 그리스도께서 자신의 핏값을 치르고 세우신 그의 몸이기 때문이다. 그러므로 그리스도께서 자신의 몸인 교회를 깨끗하게 하시는 것은 마땅한 일이다. 승리하는 자에게 주어지는 흰 조약돌은 예수 그리스도와 함께 세상을 심판하는 권세를 의미한다. 그리고 그 위에 기록된 새 이름은 하나님 나라에서 받을 새 이름이다.

　ψῆφος(프세포스, 조약돌): 판결할 때 던지는 작은 돌(참고, 행 26:10)

뒤아테이라교회에 보낸 편지

계 2:18-29

2:18

Καὶ τῷ ἀγγέλῳ τῆς ἐν Θυατείροις ἐκκλησίας γράψον·

Τάδε λέγει ὁ υἱὸς τοῦ θεοῦ, ὁ ἔχων τοὺς ὀφθαλμοὺς αὐτοῦ ὡς φλόγα πυρὸς καὶ οἱ πόδες αὐτοῦ ὅμοιοι χαλκολιβάνῳ·

그리고 뒤아테이라에 있는 교회의 사자에게 써라.

하나님의 아들이요, 불꽃 같은 그의 눈들과 청동 같은 그의 발들을 가진 자가 이것들을 말한다.

2:19

οἶδά σου τὰ ἔργα καὶ τὴν ἀγάπην καὶ τὴν πίστιν καὶ τὴν διακονίαν καὶ τὴν ὑπομονήν σου, καὶ τὰ ἔργα σου τὰ ἔσχατα πλείονα τῶν πρώτων.

"나는 너의 행위들, 곧 너의 사랑과 믿음과 섬김과 인내를 안다. 그리고 너의 마지막 행위들이 처음보다 더 나은 것을 안다.

2:20

ἀλλ᾽ ἔχω κατὰ σοῦ ὅτι ἀφεῖς τὴν γυναῖκα Ἰεζάβελ, ἡ λέγουσα ἑαυτὴν προφῆτιν καὶ διδάσκει καὶ πλανᾷ τοὺς ἐμοὺς δούλους πορνεῦσαι καὶ φαγεῖν εἰδωλόθυτα.

그러나 내가 너에 대하여 책망할 것이 있으니, 곧 네가 이세벨이라는
여자를 용납하고 있다는 것이다. 그녀는 자신을 여 선지자라고 말하면서
나의 종들을 가르쳐서 그들이 행음하며 우상에게 바쳐진 것들을 먹도록
미혹하고 있다.

2:21

καὶ ἔδωκα αὐτῇ χρόνον ἵνα μετανοήσῃ, καὶ οὐ θέλει μετανοῆσαι
ἐκ τῆς πορνείας αὐτῆς.

그리고 나는 그녀에게 회개할 시간을 주었다. 그러나 그녀는 자기의 음행
으로부터 회개할 마음이 없다.

2:22

ἰδοὺ βάλλω αὐτὴν εἰς κλίνην καὶ τοὺς μοιχεύοντας μετ᾽ αὐτῆς εἰς
θλῖψιν μεγάλην, ἐὰν μὴ μετανοήσωσιν ἐκ τῶν ἔργων αὐτῆς,

보라, 내가 그녀를 침상에 던질 것이고 그녀와 함께 음행하는 자들을
큰 환난에 던질 것이다. 만약 그들이 그녀의 행위들로부터 회개하지
않으면.

2:23

καὶ τὰ τέκνα αὐτῆς ἀποκτενῶ ἐν θανάτῳ. καὶ γνώσονται πᾶσαι αἱ
ἐκκλησίαι ὅτι ἐγώ εἰμι ὁ ἐραυνῶν νεφροὺς καὶ καρδίας, καὶ δώσω ὑμῖν
ἑκάστῳ κατὰ τὰ ἔργα ὑμῶν.

그리고 나는 그녀의 자녀들을 사망으로 죽일 것이다. 그리하여 모든 교회

가 나는 콩팥과 심장을 꿰뚫어 보는 자임을 알게 될 것이다. 그리고 나는 너희 각자에게 너희의 행위들을 따라 줄 것이다.

2:24

ὑμῖν δὲ λέγω τοῖς λοιποῖς τοῖς ἐν Θυατείροις, ὅσοι οὐκ ἔχουσιν τὴν διδαχὴν ταύτην, οἵτινες οὐκ ἔγνωσαν τὰ βαθέα τοῦ σατανᾶ ὡς λέγουσιν· οὐ βάλλω ἐφ᾽ ὑμᾶς ἄλλο βάρος,

그런데 나는 뒤아테이라에 있는 나머지 사람들, 곧 이 가르침을 갖고 있지 않으며 그들이 말하는 바 사탄의 깊은 것을 알지 못하는 자들에게 말한다. 나는 너희에게 다른 짐을 던지지 않을 것이다.

2:25

πλὴν ὃ ἔχετε κρατήσατε ἄχρι⸂ς⸃ οὗ ἂν ἥξω.

다만 너희가 가지고 있는 것을 내가 올 때까지 붙잡고 있으라.

2:26

Καὶ ὁ νικῶν καὶ ὁ τηρῶν ἄχρι τέλους τὰ ἔργα μου, δώσω αὐτῷ ἐξουσίαν ἐπὶ τῶν ἐθνῶν

그리고 승리하는 자, 곧 나의 행위들을 끝까지 지키는 자는 내가 그에게 민족들을 다스리는 권세를 줄 것이다.

2:27

καὶ ποιμανεῖ αὐτοὺς ἐν ῥάβδῳ σιδηρᾷ ὡς τὰ σκεύη τὰ κεραμικὰ συντρίβεται,

그리고 그는 그들을 쇠지팡이로 다스릴 것인데, 질그릇이 산산이 부서지
듯 할 것이다.

2:28

ὡς κἀγὼ εἴληφα παρὰ τοῦ πατρός μου, καὶ δώσω αὐτῷ τὸν ἀστέρα
τὸν πρωϊνόν.

그리고 내가 나의 아버지에게서 받았던 것처럼 나도 그에게 새벽별을
줄 것이다.

2:29

Ὁ ἔχων οὖς ἀκουσάτω τί τὸ πνεῦμα λέγει ταῖς ἐκκλησίαις.

귀를 가지고 있는 자는 성령이 교회들에게 말하는 것을 들으라.”

하나님의 아들인 예수 그리스도는 자신의 피로 세우신 교회를 돌
보시는 분이다. 그는 불꽃 같은 눈동자로 자기 양들을 지키시며, 청동
같은 발걸음으로 자기 양들을 천국으로 인도하시는 목자다. 그런데
뒤아테이라교회에는 이른바 사탄의 깊은 것을 경험해야 한다고 주장
하면서 성도들을 타락시키는 이세벨이라는 여자가 있었다. 그녀는
은혜의 깊은 세계로 나아가기 위해서는 반드시 죄악의 깊은 세계를
경험해야 한다는 교묘한 논리를 통해서 교인들에게 우상에게 바쳐진
제물을 먹고 음행하도록 가르쳤던 것으로 보인다. 이것은 매우 천박
하고 유치한 형태의 이단인데, 놀랍게도 거기에 휩쓸려 동조하는 자
들이 교회 안에 있었다. 더 큰 문제는 뒤아테이라교회가 이 사악하고
교활한 사탄의 술책의 위험성을 인식하지 못하고 방치하고 있었다는
것이다. 대부분의 이단의 특징은 말도 안 되는 황당한 헛소리를 그럴
듯한 논리로 포장하여 속임수를 쓰는 것인데, 여기에 길러드는 깃은
쓸데없는 호기심 때문이다. 이세벨은 하나님의 말씀에 대한 복종을
거부하고 오직 육체적 경험에 의해 검증된 것만을 진리로 인정하겠다
는 경험주의적 인식론을 고집하는데, 그 근본에는 하나님의 절대주
권을 부인하고 스스로 신의 자리를 차지하려는 어리석고 망령된 사탄
의 욕망이 숨어 있다. 이세벨은 우상에게 바쳐진 것들을 먹고 음행하
게 했다는 점에서 니콜라오스파였던 것 같다. 주님께서는 이세벨에
게 회개할 시간을 주셨으나, 그녀는 자신의 생각을 고집하며 회개할

생각이 전혀 없다. 하나님의 말씀보다 인간의 생각을 앞세우는 불순종과 반역의 실체가 드러나자 주님께서는 이세벨을 응징하시기로 결심한다. 이세벨은 중병에 걸려 침대에 눕게 되고, 그녀의 자식들은 그녀의 품에서 비참하게 죽어간다. 그리고 그녀와 함께 음행했던 자들에게는 회개의 기회를 주면서, 회개하지 않으면 여러 무시무시한 일을 당하게 될 것이라고 경고한다. 이것으로 예수 그리스도는 불꽃 같은 눈으로 교회를 살피시고 각 사람의 생각과 의도를 그 깊은 곳까지도 꿰뚫어 보시는 초월적 전능자로 자신을 계시한다. 그리고 이세벨에게 속지 않은 나머지 교인들에게는 그들이 간직해 온 사랑과 믿음과 섬김과 인내를 그리스도의 날까지 굳게 붙잡으라고 명령한다. 승리하는 자에게는 민족들을 다스리는 쇠지팡이의 권세와 새벽별을 약속하시는데, 그것은 예수 그리스도께서 아버지로부터 받은바 하나님의 권세와 영광에 참여하는 축복이다.

사르디스교회에 보낸 편지

계 | 3:1-6

3:1

Καὶ τῷ ἀγγέλῳ τῆς ἐν Σάρδεσιν ἐκκλησίας γράψον·

Τάδε λέγει ὁ ἔχων τὰ ἑπτὰ πνεύματα τοῦ θεοῦ καὶ τοὺς ἑπτὰ ἀστέρας· οἶδά σου τὰ ἔργα ὅτι ὄνομα ἔχεις ὅτι ζῇς, καὶ νεκρὸς εἶ.

그리고 사르디스에 있는 교회의 사자에게 써라.

하나님의 일곱 영과 일곱 개의 별을 가지고 있는 자가 이것들을 말한다. "나는 너의 행위들을 알고 있으니, 곧 네가 살아 있다는 이름은 가졌으나 너는 죽은 자라는 것이다.

3:2

γίνου γρηγορῶν καὶ στήρισον τὰ λοιπὰ ἃ ἔμελλον ἀποθανεῖν, οὐ γὰρ εὕρηκά σου τὰ ἔργα πεπληρωμένα ἐνώπιον τοῦ θεοῦ μου.

정신 차리고 있어라. 그리고 죽어가고 있는 나머지 것들을 굳게 지켜라. 왜냐하면 나는 나의 하나님 앞에서 너의 제대로 된 행위들을 발견하지 못했기 때문이다.

3:3

μνημόνευε οὖν πῶς εἴληφας καὶ ἤκουσας καὶ τήρει καὶ μετανόησον. ἐὰν οὖν μὴ γρηγορήσῃς, ἥξω ὡς κλέπτης, καὶ οὐ μὴ γνῷς ποίαν ὥραν ἥξω ἐπὶ σέ.

그러므로 네가 어떻게 받았고 들었는지를 생각하라. 그리고 지키고 회개하라. 만약 네가 정신 차리지 않으면 내가 도둑같이 올 것이다. 그리고 너는 내가 어느 시간에 너에게 올는지 결단코 모를 것이다.

3:4

ἀλλ᾽ ἔχεις ὀλίγα ὀνόματα ἐν Σάρδεσιν ἃ οὐκ ἐμόλυναν τὰ ἱμάτια αὐτῶν, καὶ περιπατήσουσιν μετ᾽ ἐμοῦ ἐν λευκοῖς, ὅτι ἄξιοί εἰσιν.

그러나 너는 사르디스에서 자기들의 옷을 더럽히지 않은 몇 사람을 가지고 있다. 그리고 그들은 흰옷을 입고 나와 함께 걸어 다닐 것이다. 이는 그들이 합당하기 때문이다.

3:5

Ὁ νικῶν οὕτως περιβαλεῖται ἐν ἱματίοις λευκοῖς καὶ οὐ μὴ ἐξαλείψω τὸ ὄνομα αὐτοῦ ἐκ τῆς βίβλου τῆς ζωῆς καὶ ὁμολογήσω τὸ ὄνομα αὐτοῦ ἐνώπιον τοῦ πατρός μου καὶ ἐνώπιον τῶν ἀγγέλων αὐτοῦ.

이와 같이 승리하는 자는 흰옷을 입을 것이다. 그리고 나는 그의 이름을 생명의 책에서 결코 지우지 않을 것이다. 그리고 나는 나의 아버지 앞에서 그리고 그의 천사들 앞에서 그의 이름을 인정할 것이다.

3:6

Ὁ ἔχων οὖς ἀκουσάτω τί τὸ πνεῦμα λέγει ταῖς ἐκκλησίαις.

귀를 가지고 있는 자는 성령이 교회들에게 말하는 것을 들으라."

요한계시록을 요약하면, 예수 그리스도와 교회의 사랑 이야기다. 예수 그리스도는 자신의 피로 세우신 교회에게 세상 끝 날에 영광 중에 다시 만날 것을 약속하며 하늘로 올라가신다. 그리고 교회는 그 종말론적 희망의 약속을 붙들고 인내로 고난을 이기고, 마침내 그리스도와 영광 중에 다시 만나 아름다운 결혼식을 올리고, 그리스도의 신부로서 하나님의 영광 속으로 들어간다. 그러므로 교회의 생명은 예수 그리스도와의 관계에 있다. 교회는 영광의 본체이신 예수 그리스도의 몸이다. 교회는 예수 그리스도를 향한 믿음과 소망과 사랑을 통해 하나님의 생명의 능력을 공급받는다.

예수 그리스도는 사르디스교회에 자신을 하나님의 일곱 영과 일곱 개의 별을 가지고 있는 자로 계시한다. 하나님의 일곱 영은 온 세상에 보내심을 받은 성령이고, 일곱 개의 별은 교회를 섬기는 말씀의 종들이다. 하나님의 성령과 말씀은 영광의 본체이신 예수 그리스도의 몸에서 나온다. 교회는 예수 그리스도와 사랑으로 결속되어 있을 때 하나님의 무궁한 생명의 능력을 공급받는다. 그러므로 교회의 가장 중요한 일은 그 영광의 본체이신 예수 그리스도와 한 몸이 되는 것이다. 그러면 교회는 저절로 성령의 열매를 맺게 된다.

사르디스교회는 예수 그리스도로부터 무엇 하나 제대로 된 열매가 없는 죽은 교회라는 책망을 받는다. 그것은 교회가 세속화되어 더럽혀졌기 때문이다. 그러나 사르디스교회에도 세상에 물들지 않고 그리스도를 향한 순수한 사랑을 간직하고 있는 사람들이 있었다. 주님께서는 그들에게 자신과 함께 천국에서 흰옷을 입고 걸어 다니게 될 것이라고 말씀하신다. 그것은 엄청난 축복의 말씀이다. 흰옷은 찬란하게 빛나는 의의 옷인데, 그것은 오직 믿음을 통해 은혜로만 받을 수 있는 하나님의 옷이다.

승리하는 자에게는 흰옷과 생명의 책에 기록된 이름과 하나님과 천사들 앞에서 인정받는 축복이 약속된다. 그 축복은 현세의 복이 아니라 내세의 복이다. 성령과 말씀은 부활하신 예수 그리스도의 몸에서 흘러나오는 내세의 능력이다. 교회는 이 내세의 능력을 상실할 때 죽는다. 영광 중에 나타날 예수 그리스도의 날은 아무도 모르기 때문에 교회는 항상 깨어 기도하며 준비하고 있어야 한다. 여기에 성도의 인내와 믿음이 요구된다.

필라델피아교회에 보낸 편지

계 3:7-13

3:7

Καὶ τῷ ἀγγέλῳ τῆς ἐν Φιλαδελφείᾳ ἐκκλησίας γράψον·

Τάδε λέγει ὁ ἅγιος, ὁ ἀληθινός, ὁ ἔχων τὴν κλεῖν Δαυίδ, ὁ ἀνοίγων
καὶ οὐδεὶς κλείσει καὶ κλείων καὶ οὐδεὶς ἀνοίγει·

그리고 필라델피아에 있는 교회의 사자에게 써라.

거룩한 자, 진실한 자, 다윗의 열쇠를 가지고 있는 자, 그가 열면 아무도
닫을 수 없고 그가 닫으면 아무도 열 수 없는 자가 말한다.

3:8

οἶδά σου τὰ ἔργα, ἰδοὺ δέδωκα ἐνώπιόν σου θύραν ἠνεῳγμένην,
ἣν οὐδεὶς δύναται κλεῖσαι αὐτήν, ὅτι μικρὰν ἔχεις δύναμιν καὶ
ἐτήρησάς μου τὸν λόγον καὶ οὐκ ἠρνήσω τὸ ὄνομά μου.

"나는 너의 행위들을 알고 있다. 보라, 내가 네 앞에 열린 문을 주었으니,
그 누구도 그것을 닫을 수 없다. 이는 네가 작은 능력을 가지고 나의 말을
지켰고 나의 이름을 부인하지 않았기 때문이다.

3:9

ἰδοὺ διδῶ ἐκ τῆς συναγωγῆς τοῦ σατανᾶ τῶν λεγόντων ἑαυτοὺς
Ἰουδαίους εἶναι, καὶ οὐκ εἰσὶν ἀλλὰ ψεύδονται. ἰδοὺ ποιήσω αὐτοὺς
ἵνα ἥξουσιν καὶ προσκυνήσουσιν ἐνώπιον τῶν ποδῶν σου καὶ γνῶσιν
ὅτι ἐγὼ ἠγάπησά σε.

보라, 내가 사탄의 모임 곧 자신들을 유대인이라 말하지만 사실은 아니고
거짓말쟁이인 자들 중에서 몇 사람을 줄 것이다. 보라, 내가 그들이 와서
너의 발 앞에 경배하게 하고 또한 내가 너를 사랑했다는 것을 그들이
알게 할 것이다.

3:10

ὅτι ἐτήρησας τὸν λόγον τῆς ὑπομονῆς μου, κἀγώ σε τηρήσω ἐκ
τῆς ὥρας τοῦ πειρασμοῦ τῆς μελλούσης ἔρχεσθαι ἐπὶ τῆς οἰκουμένης
ὅλης πειράσαι τοὺς κατοικοῦντας ἐπὶ τῆς γῆς.

네가 나의 인내의 말을 지켰기 때문에, 나도 땅에 거주하는 자들을 시험하
기 위해 온 세상에 임할 시험의 날로부터 너를 지킬 것이다.

3:11

ἔρχομαι ταχύ· κράτει ὃ ἔχεις, ἵνα μηδεὶς λάβῃ τὸν στέφανόν σου.

내가 속히 올 것이다. 너는 그 누구도 너의 면류관을 빼앗지 못하도록
네가 가지고 있는 것을 굳게 붙잡으라.

3:12

Ὁ νικῶν ποιήσω αὐτὸν στῦλον ἐν τῷ ναῷ τοῦ θεοῦ μου καὶ ἔξω

οὐ μὴ ἐξέλθῃ ἔτι καὶ γράψω ἐπ᾽ αὐτὸν τὸ ὄνομα τοῦ θεοῦ μου καὶ τὸ ὄνομα τῆς πόλεως τοῦ θεοῦ μου, τῆς καινῆς Ἰερουσαλὴμ ἡ καταβαίνουσα ἐκ τοῦ οὐρανοῦ ἀπὸ τοῦ θεοῦ μου, καὶ τὸ ὄνομά μου τὸ καινόν.

승리하는 자는 내가 그를 나의 하나님의 성전에 있는 기둥으로 만들 것이다. 그리고 그것은 결코 밖으로 나가지 않을 것이다. 그리고 나는 그 위에 나의 하나님의 이름과 나의 하나님의 도시, 곧 하늘로부터 나의 아버지에게서 내려오는 새예루살렘의 이름과 나의 새로운 이름을 기록할 것이다.

3:13

Ὁ ἔχων οὖς ἀκουσάτω τί τὸ πνεῦμα λέγει ταῖς ἐκκλησίαις.

귀를 가지고 있는 자는 성령이 교회들에게 말하는 것을 들으라."

예수 그리스도는 필라델피아교회에 보낸 편지에서 자신을 거룩한 자, 진실한 자로 계시한다. 이것은 신의 자기 증언의 말씀이다. 왜냐하면 하나님 외에 거룩하고 진실한 존재는 없기 때문이다.

예수 그리스도는 자신을 다윗의 열쇠를 가지고 있는 자로 계시한다. 다윗의 열쇠는 천국 문을 여는 열쇠다. 다윗은 자신을 사망의 구덩이에서 건져내시는 하나님의 초월적 구원의 능력을 경험하고 그의 위대하심을 찬양했던 믿음의 왕이다. 그는 또한 하나님 앞에 의인은 없고, 오직 죄인을 의롭다 하시는 하나님의 초월적 은혜로만 천국에 들어갈 수 있다는 진리를 깨달은 은혜의 왕이다. 믿음의 왕이요, 은혜의 왕인 다윗은 예수 그리스도의 모형이다.

예수 그리스도는 필라델피아교회에게 그 누구도 닫을 수 없는 열린 문을 주셨는데, 그것은 종말론적 구원에 대한 확실한 약속이다. 필라델피아교회가 그 축복의 말씀을 받은 것은 작은 능력으로 끝까지 그리스도의 말씀을 지키고 예수의 이름에 충성했기 때문이다. 하나님은 작은 일에 충성하는 자를 사랑하신다.

예수 그리스도는 필라델피아교회 앞에 원수들을 무릎 꿇게 하시고 앞으로 온 세상에 닥쳐올 큰 시험으로부터 지켜줄 것을 약속한다. 이것은 축복과 승리에 대한 약속이다. 그러나 필라델피아교회는 주님께서 약속하신 축복과 승리의 면류관을 믿음으로 굳게 지키고 빼앗기지 말아야 한다. 왜냐하면 그것을 차지하기 위해 호시탐탐 기회를 노리는 자들이 많기 때문이다. 그런 점에서 믿음은 아름다운 경쟁이다.

승리하는 자에게는 하나님의 성전의 기둥이 되는 축복이 약속되는데, 그 기둥은 하나님의 이름과 새예루살렘의 이름과 예수님의 새 이름이 새겨지는 영광을 얻게 된다.

필라델피아교회는 예수 그리스도로부터 축복과 승리와 영광을 약속받았는데, 그것은 그들이 작은 일에 충성했기 때문이다. 그러나 근본적으로 더 중요한 것은 그들이 종말론적 구원에 대한 확실한 약속을 받았다는 것이다.

라오디케이아교회에 보낸 편지

계 3:14-22

3:14

Καὶ τῷ ἀγγέλῳ τῆς ἐν Λαοδικείᾳ ἐκκλησίας γράψον·

Τάδε λέγει ὁ ἀμήν, ὁ μάρτυς ὁ πιστὸς καὶ ἀληθινός, ἡ ἀρχὴ τῆς κτίσεως τοῦ θεοῦ·

그리고 라오디케이아에 있는 교회의 사자에게 써라. 성실하고 진실한 증인이요 하나님의 창조의 근본인 자가 이것을 말한다.

3:15

οἶδά σου τὰ ἔργα ὅτι οὔτε ψυχρὸς εἶ οὔτε ζεστός. ὄφελον ψυχρὸς ἦς ἢ ζεστός.

"내가 너의 행위들을 알고 있으니, 곧 네가 차지도 않고 뜨겁지도 않다는 것이다. 너는 차든지 아니면 뜨겁든지 해야 한다.

3:16

οὕτως ὅτι χλιαρὸς εἶ καὶ οὔτε ζεστὸς οὔτε ψυχρός, μέλλω σε ἐμέσαι ἐκ τοῦ στόματός μου.

이와 같이 네가 미지근하여 뜨겁지도 않고 차지도 않으니, 내가 너를

내 입에서 뱉어버릴 작정이다.

3:17

ὅτι λέγεις ὅτι πλούσιός εἰμι καὶ πεπλούτηκα καὶ οὐδὲν χρείαν ἔχω, καὶ οὐκ οἶδας ὅτι σὺ εἶ ὁ ταλαίπωρος καὶ ἐλεεινὸς καὶ πτωχὸς καὶ τυφλὸς καὶ γυμνός,

너는 '나는 부유하다. 나는 부자가 되었고 아무것도 부족한 것이 없다'라고 말하고 있다. 그러나 너는 네가 비참하고 불쌍하고 가난하고 눈멀고 벌거벗은 것을 모르고 있으니,

3:18

συμβουλεύω σοι ἀγοράσαι παρ᾽ ἐμοῦ χρυσίον πεπυρωμένον ἐκ πυρὸς ἵνα πλουτήσῃς, καὶ ἱμάτια λευκὰ ἵνα περιβάλῃ καὶ μὴ φανερωθῇ ἡ αἰσχύνη τῆς γυμνότητός σου, καὶ κολλ⟨ο⟩ύριον ἐγχρῖσαι τοὺς ὀφθαλμούς σου ἵνα βλέπῃς.

내가 너에게 충고하건대 너는 나에게서 불에 달궈진 금을 사서 부자가 되고, 흰옷을 사서 너의 벌거벗음의 수치가 드러나지 않도록 하고, 너의 눈에 바를 연고를 사서 보도록 하라.

3:19

ἐγὼ ὅσους ἐὰν φιλῶ ἐλέγχω καὶ παιδεύω· ζήλευε οὖν καὶ μετανόησον.
나는 내가 사랑하는 자마다 책망하고 징계한다. 그러므로 열심을 내고 회개하라.

3:20

Ἰδοὺ ἕστηκα ἐπὶ τὴν θύραν καὶ κρούω· ἐάν τις ἀκούσῃ τῆς φωνῆς μου καὶ ἀνοίξῃ τὴν θύραν, καὶ εἰσελεύσομαι πρὸς αὐτὸν καὶ δειπνήσω μετ᾽ αὐτοῦ καὶ αὐτὸς μετ᾽ ἐμοῦ.

보라, 내가 문에 서 있다. 그리고 두드리고 있다. 만약 누가 나의 음성을 듣고 문을 열면 내가 그를 향하여 들어가 그와 함께 만찬을 즐길 것이고 그도 나와 함께.

3:21

Ὁ νικῶν δώσω αὐτῷ καθίσαι μετ᾽ ἐμοῦ ἐν τῷ θρόνῳ μου, ὡς κἀγὼ ἐνίκησα καὶ ἐκάθισα μετὰ τοῦ πατρός μου ἐν τῷ θρόνῳ αὐτοῦ.

승리하는 자는 내가 그에게 나와 함께 나의 보좌에 앉을 권세를 줄 것이니, 이는 내가 승리하여 나의 아버지와 함께 그의 보좌에 앉은 것과 같다.

3:22

Ὁ ἔχων οὖς ἀκουσάτω τί τὸ πνεῦμα λέγει ταῖς ἐκκλησίαις.

귀를 가지고 있는 자는 성령이 교회들에게 말하는 것을 들으라."

해설

예수 그리스도는 라오디케이아교회에 보낸 편지에서 자신을 성실하고 진실한 증인이요, 하나님의 창조의 근본인 자로 계시한다. 세상을 향한 하나님의 사랑의 성실성과 진실성은 예수 그리스도의 십자가에서 계시되었는데, 그 십자가에 달린 자는 하나님의 창조의 근본인 영원한 로고스다. 그러므로 예수 그리스도의 죽음과 부활은 우주적이며 종말론적 사건이 된다. 그것은 옛 세상의 종말이며 새하늘과 새땅의 시작이다. 하나님께서는 사랑의 열정으로 말씀을 통해 물질 세계를 낳으셨고, 사랑의 열정으로 자신의 아들을 대속의 제물로 삼아 반역의 세상과 화해하심으로 피조 세계에 대한 창조자의 성실성을 증명하셨다. 그러므로 교회는 하나님의 사랑의 열정을 품고 하나님의 창조와 구원의 위대성을 선포해야 한다. 하나님은 열심을 품고 일하는 교회를 축복하신다.

라오디케이아교회는 차지도 않고 뜨겁지도 않은 미지근한 교회였다. 주님께서는 차지도 않고 뜨겁지도 않은 그 교회를 뱉어버리려고 벼르고 있다. 그러나 라오디케이아교회는 자기들이 부자이기 때문에 무엇 하나 부족함이 없다며 떠벌리고 있으니 이 얼마나 어리석은 일인가! 주님이 보시기에 비참하고 불쌍하고 가난하고 눈멀고 벌거벗은 교회는 자신의 실체를 전혀 인식하지 못하고 있다. 그것은 그들이 자기만족과 교만에 빠져 있기 때문이다. 만물의 실체는 하나님 앞에 설 때 드러난다. 하나님의 영광의 보좌 앞에는 수정같이 맑은 유리 바다가 깔려 있다. 그 위에 세워지는 날 우리 존재의 실체가 드러날 것이다. 그 심판의 두려움을 미리 알려주시고 죄에서 돌이키게 하시는 분이 성령이다. 성령은 하나님을 경외하는 신이다. 이 경외함이 없는 자는 종말론적 심판대 앞에서 실격 처리된다. 인간은 편협하고 자기 만족적인 어리석음과 교만에서 벗어나 하나님의 지혜와 지식의 세계로 나아가야 한다. 예수 그리스도는 라오디케이아교회를 향하여 자기에게서 불에 달궈진 금을 사서 믿음의 부자가 되고, 흰옷을 사서 벌거벗음의 수치를 가리고, 연고를 사서 만물의 실체를 보는 눈을 가지라고 충고한다. 우리에게 필요한 것은 성령의 불에 연단된 순수한 믿음과 예수의 피에 적셔진 의의 옷과 성령의 눈이다.

부모가 사랑하는 자녀를 엄하게 교육하듯이, 주님께서는 사랑하는 자를 책망하시고 징계하신다. 왜냐하면 우리의 육체 속에는 어리석고 망령된 욕심과 교만이 얽혀 있기 때문이다. 그러나 성령께서 우리 마음의 문을 두드릴 때 회개하고 돌이키는 자에게는 천국의 문이 열린다. 그는 주님과 함께 식탁에 앉아 성령의 만찬을 즐기게 될 것이다. 그리고 주님께서는 그에게 자신의 보좌에 앉아 자신과 함께 세상을 심판하는 권세를 주실 것이다.

영광의 본체

계 4:1-11

4:1

Μετὰ ταῦτα εἶδον, καὶ ἰδοὺ θύρα ἠνεῳγμένη ἐν τῷ οὐρανῷ, καὶ ἡ φωνὴ ἡ πρώτη ἣν ἤκουσα ὡς σάλπιγγος λαλούσης μετ᾽ ἐμοῦ λέγων· ἀνάβα ὧδε, καὶ δείξω σοι ἃ δεῖ γενέσθαι μετὰ ταῦτα.

이 일들 후에 나는 보았다. 그리고 보라, 하늘에 있는 열린 문이로다. 그리고 내가 들었던 나와 함께 이야기하던 나팔 같은 첫 번째 음성이 말했다. "이리로 올라오라. 내가 이 일들 후에 반드시 일어날 일들을 너에게 보여 줄 것이다."

4:2

Εὐθέως ἐγενόμην ἐν πνεύματι, καὶ ἰδοὺ θρόνος ἔκειτο ἐν τῷ οὐρανῷ, καὶ ἐπὶ τὸν θρόνον καθήμενος,

즉시 나는 성령에 사로잡혔다. 그리고 보라, 하늘에 보좌가 놓여 있었다. 그리고 보좌 위에 앉아 계시는 분이로다.

4:3

καὶ ὁ καθήμενος ὅμοιος ὁράσει λίθῳ ἰάσπιδι καὶ σαρδίῳ, καὶ ἶρις κυκλόθεν τοῦ θρόνου ὅμοιος ὁράσει σμαραγδίνῳ.

그런데 앉아 계시는 분은 모양이 야스피스(빨간색, 노란색, 진한 녹색, 잿빛 청색 보석)와 사르디온(빨간색 보석) 같았고, 보좌 주위에는 스마라 그디온(밝은 녹색 보석) 같은 모양의 무지개가 있었다.

4:4

Καὶ κυκλόθεν τοῦ θρόνου θρόνους εἴκοσι τέσσαρες, καὶ ἐπὶ τοὺς θρόνους εἴκοσι τέσσαρας πρεσβυτέρους καθημένους περιβεβλημένους ἐν ἱματίοις λευκοῖς καὶ ἐπὶ τὰς κεφαλὰς αὐτῶν στεφάνους χρυσοῦς.

그리고 보좌 주위에 24개의 보좌 그리고 그 보좌들 위에 흰옷을 입고 머리에 금 면류관을 쓰고 앉아 있는 24 장로로다.

4:5

Καὶ ἐκ τοῦ θρόνου ἐκπορεύονται ἀστραπαὶ καὶ φωναὶ καὶ βρονταί, καὶ ἑπτὰ λαμπάδες πυρὸς καιόμεναι ἐνώπιον τοῦ θρόνου, ἅ εἰσιν τὰ ἑπτὰ πνεύματα τοῦ θεοῦ,

그리고 보좌로부터 번개들과 음성들과 천둥들이 나오고 있었고, 하나님 앞에는 일곱 개의 등불이 있었는데 그것들은 하나님의 일곱 영이다.

4:6

καὶ ἐνώπιον τοῦ θρόνου ὡς θάλασσα ὑαλίνη ὁμοία κρυστάλλῳ. Καὶ ἐν μέσῳ τοῦ θρόνου καὶ κύκλῳ τοῦ θρόνου τέσσαρα ζῷα γέμοντα ὀφθαλμῶν ἔμπροσθεν καὶ ὄπισθεν.

그리고 보좌 앞에는 수정 같은 유리 바다가 있었다. 그리고 보좌 가운데와 보좌 주위에는 앞과 뒤에 눈들이 가득 찬 네 생명체가 있었다.

.

4:7

καὶ τὸ ζῷον τὸ πρῶτον ὅμοιον λέοντι καὶ τὸ δεύτερον ζῷον ὅμοιον μόσχῳ καὶ τὸ τρίτον ζῷον ἔχων τὸ πρόσωπον ὡς ἀνθρώπου καὶ τὸ τέταρτον ζῷον ὅμοιον ἀετῷ πετομένῳ.

그런데 첫 번째 생명체는 사자 같았고 두 번째 생명체는 송아지 같았고 세 번째 생명체는 사람 같은 얼굴을 가지고 있었고 네 번째 생명체는 날아가는 독수리 같았다.

4:8

καὶ τὰ τέσσαρα ζῷα, ἓν καθ᾽ ἓν αὐτῶν ἔχων ἀνὰ πτέρυγας ἕξ, κυκλόθεν καὶ ἔσωθεν γέμουσιν ὀφθαλμῶν, καὶ ἀνάπαυσιν οὐκ ἔχουσιν ἡμέρας καὶ νυκτὸς λέγοντες·

ἅγιος ἅγιος ἅγιος κύριος ὁ θεὸς ὁ παντοκράτωρ, ὁ ἦν καὶ ὁ ὢν καὶ ὁ ἐρχόμενος.

그리고 네 생명체는 그들 각각 여섯 개의 날개를 가지고 있었고, 그 주위와 안쪽에는 눈들이 가득했다. 그리고 그들은 밤낮 쉬지 않고 말하고 있었다. "거룩하다 거룩하다 거룩하다 주 하나님 전능자, 전에 계셨고 지금 계시고 오고 계시는 분이시여."

4:9

Καὶ ὅταν δώσουσιν τὰ ζῷα δόξαν καὶ τιμὴν καὶ εὐχαριστίαν τῷ καθημένῳ ἐπὶ τῷ θρόνῳ τῷ ζῶντι εἰς τοὺς αἰῶνας τῶν αἰώνων,

그리고 네 생명체가 보좌에 앉아 계시며 세세 무궁토록 살아계시는 분에게 영광과 존귀와 감사를 드릴 때,

4:10

πεσοῦνται οἱ εἴκοσι τέσσαρες πρεσβύτεροι ἐνώπιον τοῦ καθημένου ἐπὶ τοῦ θρόνου καὶ προσκυνήσουσιν τῷ ζῶντι εἰς τοὺς αἰῶνας τῶν αἰώνων καὶ βαλοῦσιν τοὺς στεφάνους αὐτῶν ἐνώπιον τοῦ θρόνου λέγοντες·

24 장로들은 보좌에 앉아 계시는 분 앞에 엎드려 세세 무궁토록 살아계시는 분께 경배하며, 자기들의 면류관을 보좌 앞에 던지며 말했다.

4:11

ἄξιος εἶ, ὁ κύριος καὶ ὁ θεὸς ἡμῶν, λαβεῖν τὴν δόξαν καὶ τὴν τιμὴν καὶ τὴν δύναμιν, ὅτι σὺ ἔκτισας τὰ πάντα καὶ διὰ τὸ θέλημά σου ἦσαν καὶ ἐκτίσθησαν.

"주 곧 우리 하나님, 당신은 영광과 존귀와 능력을 받으시기에 합당하십니다. 이는 당신께서 만물을 창조하셨고 그것들은 당신의 뜻을 위하여 존재했고 창조되었기 때문입니다."

해설

사도 요한은 아시아의 일곱 교회에게 보내는 편지를 다 쓴 후 하늘에 있는 열린 문을 본다. 그 위로 올라오라는 명령이 떨어지자 그는 즉시 성령의 능력에 사로잡혀 천상의 세계로 올라가 장엄한 광경을 목격하게 된다. 거기에는 거룩한 보좌가 놓여 있고, 그 위에는 영광의 본체이신 하나님이 앉아 계시는데, 그의 모습은 아름답게 빛나는 보석과 같고, 보좌에서는 번개들과 음성들과 천둥들이 나온다. 하나님의 보좌 앞에는 수정 같은 유리 바다가 있고, 보좌 주위에는 사자, 송아지, 사람의 얼굴, 독수리 형상을 가진 네 생명체가 있는데, 그들은 각각 안팎으로 눈들이 가득한 여섯 개의 날개를 가지고 있으며 쉬지 않고 보좌에 앉아 영원히 살아계시는 하나님을 찬양한다. 그리고 하나님의 보좌 주위에는 흰옷을 입고 머리에 금 면류관을 쓴 24 장로가 자기들의 보좌에 앉아 있다가, 네 생명체가 하나님의 거룩성과 전능성과 영원성을 찬양할 때 영광의 본체이신 하나님 앞에 엎드려 경배하고 자기들의 면류관을 보좌 앞에 던지며 하나님의 창조의 위대성을 찬양한다.

이리하여 하늘의 비밀이 계시된다. 영광의 본체이신 하나님은 거룩하고, 아름답고, 위대하다. 그는 아름다운 보석같이 신비로운 빛 속에 거하시고, 그의 보좌는 모든 우주적 에너지의 원천이며 심히 두렵고 떨리는 위엄으로 가득하다. 영광의 보좌 앞에 있는 수정 같은 유리 바다는 성령을 통하여 모든 피조 세계의 움직임을 살피는 스크린

인데, 만물은 그 위에 발가벗겨진 상태로 끌려와 실체를 드러내게 되고, 모든 인간은 보좌에 앉으신 분 앞에서 자신의 모든 행위의 근거를 제출하고 결산 받게 된다. 하나님의 보좌 주위에 있는 네 생명체들은 수많은 감시 카메라를 장착한 천사들로서 영광의 본체이신 하나님을 모시는 축복받은 피조물들인데, 그들은 사자같이 용감하고, 송아지같이 순진하며, 사람같이 지혜롭고, 독수리같이 높고 빠르다. 그들의 임무는 하나님의 보좌를 지키며 하나님의 거룩하심과 위대하심을 찬양하는 것이다. 하나님의 보좌 주위에 흰옷을 입고 머리에 금 면류관을 쓰고 앉아 있는 24 장로들은 하나님 나라를 위해 충성한 자들로서 하나님께로부터 존귀와 영광과 명예를 얻은 자들이다. 그리고 그들은 그 영광을 영광의 본체이신 하나님께 돌려드린다. 왜냐하면 만물이 그에게서 나와서 그의 영광을 위해 존재하다가 그에게로 돌아가기 때문이다. 그러므로 그 거룩하고 아름다운 나라에서는 모든 인간의 공로와 업적은 사라지고 오직 하나님의 의와 영광만이 영원히 빛나게 된다.

살해당한 어린양

계 5:1-14

5:1

Καὶ εἶδον ἐπὶ τὴν δεξιὰν τοῦ καθημένου ἐπὶ τοῦ θρόνου βιβλίον γεγραμμένον ἔσωθεν καὶ ὄπισθεν κατεσφραγισμένον σφραγῖσιν ἑπτά.

그리고 나는 보좌에 앉아 계시는 분의 오른손에서 앞뒤로 기록되어 있으며 일곱 개의 봉인으로 인봉되어 있는 두루마리를 보았다.

5:2

καὶ εἶδον ἄγγελον ἰσχυρὸν κηρύσσοντα ἐν φωνῇ μεγάλῃ· τίς ἄξιος ἀνοῖξαι τὸ βιβλίον καὶ λῦσαι τὰς σφραγῖδας αὐτοῦ;

그리고 나는 힘센 천사가 큰 소리로 선포하는 것을 보았다.

"두루마리를 열어서 그 봉인을 풀기에 합당한 자가 누구냐?"

5:3

καὶ οὐδεὶς ἐδύνατο ἐν τῷ οὐρανῷ οὐδὲ ἐπὶ τῆς γῆς οὐδὲ ὑποκάτω τῆς γῆς ἀνοῖξαι τὸ βιβλίον οὔτε βλέπειν αὐτό.

그런데 하늘에도 땅에도 땅 아래에도 두루마리를 열어서 그것을 볼 수 있는 자가 아무도 없었다.

5:4

καὶ ἔκλαιον πολύ, ὅτι οὐδεὶς ἄξιος εὑρέθη ἀνοῖξαι τὸ βιβλίον οὔτε
βλέπειν αὐτό.

그리고 나는 많이 울고 있었다. 왜냐하면 아무도 두루마리를 열지도 못하
고 그것을 볼 수도 없었기 때문이다.

5:5

καὶ εἷς ἐκ τῶν πρεσβυτέρων λέγει μοι· μὴ κλαῖε, ἰδοὺ ἐνίκησεν
ὁ λέων ὁ ἐκ τῆς φυλῆς Ἰούδα, ἡ ῥίζα Δαυίδ, ἀνοῖξαι τὸ βιβλίον καὶ
τὰς ἑπτὰ σφραγῖδας αὐτοῦ.

그런데 장로들 중의 하나가 나에게 말한다.

"울지 말라. 보라, 유다지파에서 나온 수사자, 곧 다윗의 뿌리가 승리하여
두루마리와 그것의 일곱 개의 봉인을 열게 되었도다."

5:6

Καὶ εἶδον ἐν μέσῳ τοῦ θρόνου καὶ τῶν τεσσάρων ζῴων καὶ ἐν μέσῳ
τῶν πρεσβυτέρων ἀρνίον ἑστηκὸς ὡς ἐσφαγμένον ἔχων κέρατα ἑπτὰ
καὶ ὀφθαλμοὺς ἑπτὰ οἵ εἰσιν τὰ ἑπτὰ πνεύματα τοῦ θεοῦ ἀπεσταλμένοι
εἰς πᾶσαν τὴν γῆν.

그리고 나는 보좌와 네 생명체들과 장로들 한가운데 살해당한 것 같은
어린양이 서 있는 것을 보았는데 그는 일곱 개의 뿔과 온 땅에 보내심을
받은 하나님의 일곱 영인 일곱 개의 눈을 가지고 있었다.

5:7

καὶ ἦλθεν καὶ εἴληφεν ἐκ τῆς δεξιᾶς τοῦ καθημένου ἐπὶ τοῦ θρόνου.

그리고 그가 와서 보좌에 앉아 계시는 분의 오른손에서 받았다.

5:8

Καὶ ὅτε ἔλαβεν τὸ βιβλίον, τὰ τέσσαρα ζῷα καὶ οἱ εἴκοσι τέσσαρες πρεσβύτεροι ἔπεσαν ἐνώπιον τοῦ ἀρνίου ἔχοντες ἕκαστος κιθάραν καὶ φιάλας χρυσᾶς γεμούσας θυμιαμάτων, αἵ εἰσιν αἱ προσευχαὶ τῶν ἁγίων,

그런데 그가 두루마리를 받을 때 네 생명체들과 24장로가 어린양 앞에 엎드렸는데, 그들은 각자 기타와 성도들의 기도인 향으로 가득 찬 금 대접을 가지고 있었다.

5:9

καὶ ᾄδουσιν ᾠδὴν καινὴν λέγοντες·

ἄξιος εἶ λαβεῖν τὸ βιβλίον καὶ ἀνοῖξαι τὰς σφραγῖδας αὐτοῦ, ὅτι ἐσφάγης καὶ ἠγόρασας τῷ θεῷ ἐν τῷ αἵματί σου ἐκ πάσης φυλῆς καὶ γλώσσης καὶ λαοῦ καὶ ἔθνους

그리고 그들은 새로운 노래를 부르며 말했다.

"당신은 두루마리를 받아서 그것의 봉인을 열기에 합당하십니다. 왜냐 하면 당신께서 살해당하고 하나님을 위하여 당신의 피로 모든 족속과 언어와 백성과 민족으로부터 사람들을 사서,

5:10

καὶ ἐποίησας αὐτοὺς τῷ θεῷ ἡμῶν βασιλείαν καὶ ἱερεῖς, καὶ βασιλεύσουσιν ἐπὶ τῆς γῆς.

그들을 우리 하나님을 위하여 나라와 제사장들로 만드셨기 때문입니다.
그리고 그들은 땅에서 왕 노릇할 것입니다."

5:11

Καὶ εἶδον, καὶ ἤκουσα φωνὴν ἀγγέλων πολλῶν κύκλῳ τοῦ θρόνου καὶ τῶν ζῴων καὶ τῶν πρεσβυτέρων, καὶ ἦν ὁ ἀριθμὸς αὐτῶν μυριάδες μυριάδων καὶ χιλιάδες χιλιάδων

그리고 나는 보았다. 그리고 나는 보좌와 생명체들과 장로들 주위에서 많은 천사의 음성을 들었는데, 그들의 숫자는 수만 곱하기 수만이요 수천 곱하기 수천이었다.

5:12

λεγοντες φωνή μεγάλη,

Ἄξιος εστιν το αρνιον το εσφαγμενον λαβείν την δύναμιν και πλουτον και σοφιαν και ισχυν και τιμήν και δόξαν και ευλογίαν.

그 천사들이 큰 소리로 말했다.
"살해당한 어린양은 능력과 부와 지혜와 힘과 존귀와 영광과 찬양을 받기에 합당하도다."

5:13

και παν κτίσμα ὁ εν τω ουρανω και επί της γης και ὑποκατω της γης και επί της θαλασσης και τα εν αυτοις πάντα ηκουσα λέγοντας,

Τω καθημενω επί τω θρονω και τω αρνιω ἡ ευλογία και ἡ τιμή και ἡ δόξα και το κράτος εις τους αιωνας των αιωνων.

그러자 모든 피조물, 곧 하늘과 땅과 땅 아래와 바다와 그것들 속에 있는 모든 것이 말하는 것을 나는 들었다.

"보좌에 앉아 계시는 분과 어린양에게 찬양과 존귀와 영광과 권력이 세세 무궁토록 있을지어다."

5:14

καὶ τὰ τέσσαρα ζῷα ἔλεγον·

ἀμήν.

καὶ οἱ πρεσβύτεροι ἔπεσαν καὶ προσεκύνησαν.

그러자 네 생명체들이 말하고 있었다.

"아멘."

그러자 장로들도 엎드려 경배했다.

해설

영광의 본체이신 하나님의 오른손에는 그의 역사 섭리의 비밀이 담겨 있는 두루마리 책이 일곱 개의 봉인으로 철저히 인봉되어 들려 있는데, 하늘과 땅 그 어디에도 그것을 받아 열어 볼 수 있는 존재가 없었다. 그러자 사도 요한은 슬퍼서 펑펑 울고 있었다. 그때 24 장로들 중 하나가 그에게 유다지파 출신의 수사자가 승리하여 봉인을 떼게 되었다고 말한다. 그리고 하나님의 보좌와 네 생명체와 장로들 한가운데 일곱 개의 뿔과 일곱 개의 눈을 가지고 있는 어린양이 서 있었는데, 그 어린양은 살해당했던 흔적을 가지고 있었다. 어린양이 보좌 앞에 나아가 하나님의 오른손에서 두루마리를 넘겨받을 때, 네 생명체와 24 장로들은 각각 기타와 성도들의 기도가 담겨 있는 금 대접을 가지고 어린양 앞에 나와 엎드려 경배한다. 그리고 그들은 기타를 치면서 어린양의 영원한 대속의 은혜를 찬양하는 노래를 부른다. 그러자 수많은 천사의 무리와 피조 세계에 속한 모든 만물이 어린양을 찬양하며 그의 나라가 세세 무궁토록 계속되기를 축복한다. 그리고 네 생명체들은 아멘으로 화답하고 24 장로들도 엎드려 경배한다. 그것은 살해당한 어린양이 자신의 피로 모든 족속과 언어와 백성과 민족으로부터 사람들을 사서 하나님께 나라와 제사장으로 바침으로 그들이 땅에서 왕 노릇하게 되었기 때문이다.

살해당한 어린양은 하나님의 아들이요 태초부터 계시는 영원한 로고스다. 그러므로 어린양의 죽음은 하나님과 인간의 만남이요 역사와 초월의 만남이다. 이 살해당한 어린양은 보좌에 앉아 계시는 분과 함께 모든 피조물의 경배와 찬양을 받는다. 하나님께서는 이 살해당한 어린양을 통해 만세 전부터 감추어 두셨던 역사 섭리의 비밀을 계시한다. 그것은 세상에 남아 있는 택하신 백성들이 고난 속에서 인내로 승리하여 생명의 면류관을 얻게 하려는 것이다. 어린양이 이러한 자격을 취득하게 된 것은 육체의 몸을 입고 친히 역사의 일부분이 되어 피조물의 연약함을 짊어졌기 때문이다. 그는 고난을 통하여 모든 피조 세계의 지배자로 등극하게 되고, 그를 믿는 자들에게 종말론적 희망의 목표가 된다. 그는 여자의 몸에서 태어난 유대인이었고, 투쟁을 통하여 모든 고난을 이기고 승리하여 권력을 장악한 유다지파 출신의 수사자다. 그의 십자가 죽음은 그의 역사성에 대한 부인할 수 없는 증거이며, 그의 영원한 왕권의 기초가 된다. 그의 십자가 죽음 안에서 역사와 초월, 신과 인간, 하늘과 땅은 서로 화해한다. 그것이 그가 모든 피조물로부터 존경과 찬양과 경배를 받게 되는 근거다. 왜냐하면 그는 피조 세계의 어두움과 고통과 슬픔과 죽음의 운명에 동참했기 때문이다. 이것이 그의 위대성이며, 그래서 그의 왕권은 세세 무궁토록 영원하다. 그의 머리에 있는 일곱 개의 뿔은 십자가에 죽기까지 충성한 그에게 아버지께서 주신 하늘과 땅의 권세이며, 그의 일곱 개의 눈은 아버지의 영광의 본질인 성령이다. 그러므로 그의 몸속에 하나님의 나라와 권세와 영광이 있다. 그리고 그것은 그의 몸인 교회에 계승되는데, 여기에 교회의 권세와 영광이 있다.

어린양이 봉인을 열다

계 6:1-17

6:1

Καὶ εἶδον ὅτε ἤνοιξεν τὸ ἀρνίον μίαν ἐκ τῶν ἑπτὰ σφραγίδων, καὶ ἤκουσα ἑνὸς ἐκ τῶν τεσσάρων ζῴων λέγοντος ὡς φωνὴ βροντῆς· ἔρχου.

그리고 나는 보았다. 어린양이 일곱 개의 봉인 중 하나를 열었을 때 나는 네 생명체 가운데 하나가 천둥처럼 말하는 소리를 들었다.

"오라."

6:2

καὶ εἶδον, καὶ ἰδοὺ ἵππος λευκός, καὶ ὁ καθήμενος ἐπ᾽ αὐτὸν ἔχων τόξον καὶ ἐδόθη αὐτῷ στέφανος καὶ ἐξῆλθεν νικῶν καὶ ἵνα νικήσῃ.

그리고 나는 보았다. 그리고 보라, 흰말이로다. 그리고 그 위에 앉아 있는 자는 활을 가지고 있었고 그에게는 면류관이 주어졌다. 그리고 그는 승리하고 또 승리하기 위해 나갔다.

6:3

Καὶ ὅτε ἤνοιξεν τὴν σφραγῖδα τὴν δευτέραν, ἤκουσα τοῦ δευτέρου ζῴου λέγοντος· ἔρχου.

그리고 어린양이 두 번째 봉인을 열었을 때 나는 두 번째 생명체가 말하는 소리를 들었다.

"오라."

6:4

καὶ ἐξῆλθεν ἄλλος ἵππος πυρρός, καὶ τῷ καθημένῳ ἐπ᾿ αὐτὸν ἐδόθη αὐτῷ λαβεῖν τὴν εἰρήνην ἐκ τῆς γῆς καὶ ἵνα ἀλλήλους σφάξουσιν καὶ ἐδόθη αὐτῷ μάχαιρα μεγάλη.

그러자 붉은색의 다른 말이 나왔다. 그리고 그 위에 앉아 있는 자에게는 땅에서 평화를 빼앗기 위해 서로를 학살하도록 큰 칼이 주어졌다.

6:5

Καὶ ὅτε ἤνοιξεν τὴν σφραγῖδα τὴν τρίτην, ἤκουσα τοῦ τρίτου ζῴου λέγοντος· ἔρχου. καὶ εἶδον, καὶ ἰδοὺ ἵππος μέλας, καὶ ὁ καθήμενος ἐπ᾿ αὐτὸν ἔχων ζυγὸν ἐν τῇ χειρὶ αὐτοῦ.

그리고 어린양이 세 번째 봉인을 열었을 때 나는 세 번째 생명체가 말하는 소리를 들었다.

"오라."

그리고 나는 보았다. 그리고 보라, 검은 말이로다. 그리고 그 위에 앉아 있는 자는 그의 손에 저울을 가지고 있었다.

6:6

καὶ ἤκουσα ὡς φωνὴν ἐν μέσῳ τῶν τεσσάρων ζῴων λέγουσαν·

χοῖνιξ σίτου δηναρίου καὶ τρεῖς χοίνικες κριθῶν δηναρίου, καὶ τὸ ἔλαιον καὶ τὸν οἶνον μὴ ἀδικήσῃς.

그리고 나는 네 생명체들 가운데서 말하는 소리 같은 것을 들었다. "1데나리온에 밀 한 되 그리고 1데나리온에 보리 석 되, 그러나 올리브기름과 포도주는 해치지 말라."

6:7

Καὶ ὅτε ἤνοιξεν τὴν σφραγῖδα τὴν τετάρτην, ἤκουσα φωνὴν τοῦ τετάρτου ζῴου λέγοντος· ἔρχου.

그리고 어린양이 네 번째 봉인을 열었을 때 나는 네 번째 생명체가 말하는 소리를 들었다.

"오라."

6:8

καὶ εἶδον, καὶ ἰδοὺ ἵππος χλωρός, καὶ ὁ καθήμενος ἐπάνω αὐτοῦ ὄνομα αὐτῷ ὁ θάνατος, καὶ ὁ ᾅδης ἠκολούθει μετ᾽ αὐτοῦ καὶ ἐδόθη αὐτοῖς ἐξουσία ἐπὶ τὸ τέταρτον τῆς γῆς ἀποκτεῖναι ἐν ῥομφαίᾳ καὶ ἐν λιμῷ καὶ ἐν θανάτῳ καὶ ὑπὸ τῶν θηρίων τῆς γῆς.

그리고 나는 보았다. 그리고 보라, 연두색 말이로다. 그런데 그 위에 앉아 있는 자는 이름이 사망이었다. 그리고 음부가 그와 함께 따라가고 있었다. 그리고 그들에게는 땅의 4분의 1에서 칼과 기근과 죽음과 땅의 짐승들에 의해 죽일 권세가 주어졌다.

6:9

Καὶ ὅτε ἤνοιξεν τὴν πέμπτην σφραγῖδα, εἶδον ὑποκάτω τοῦ θυσιαστηρίου τὰς ψυχὰς τῶν ἐσφαγμένων διὰ τὸν λόγον τοῦ θεοῦ καὶ διὰ τὴν μαρτυρίαν ἣν εἶχον.

그리고 어린양이 다섯 번째 봉인을 열었을 때, 나는 제단 밑에서 하나님의 말씀과 그들이 가지고 있던 증거 때문에 살해당한 자들의 영혼들을 보았다.

6:10

καὶ ἔκραξαν φωνῇ μεγάλῃ λέγοντες· ἕως πότε, ὁ δεσπότης ὁ ἅγιος καὶ ἀληθινός, οὐ κρίνεις καὶ ἐκδικεῖς τὸ αἷμα ἡμῶν ἐκ τῶν κατοικούντων ἐπὶ τῆς γῆς;

그리고 그들은 큰 소리로 외치며 말하고 있었다.

"거룩하고 진실하신 주님, 언제까지 심판하여 땅에 거주하는 자들에게서 우리의 피를 갚아주지 않으실 것입니까?"

6:11

καὶ ἐδόθη αὐτοῖς ἑκάστῳ στολὴ λευκὴ καὶ ἐρρέθη αὐτοῖς ἵνα ἀναπαύσονται ἔτι χρόνον μικρόν, ἕως πληρωθῶσιν καὶ οἱ σύνδουλοι αὐτῶν καὶ οἱ ἀδελφοὶ αὐτῶν οἱ μέλλοντες ἀποκτέννεσθαι ὡς καὶ αὐτοί.

그리고 그들에게 긴 흰옷이 주어졌고, 장차 그들처럼 죽임을 당하게 될 그들의 동료 종들과 형제들이 채워질 때까지 아직 조금 더 쉬라는 말씀이 주어졌다.

6:12

Καὶ εἶδον ὅτε ἤνοιξεν τὴν σφραγῖδα τὴν ἕκτην, καὶ σεισμὸς μέγας
ἐγένετο καὶ ὁ ἥλιος ἐγένετο μέλας ὡς σάκκος τρίχινος καὶ ἡ σελήνη
ὅλη ἐγένετο ὡς αἷμα

그리고 어린양이 여섯 번째 봉인을 열었을 때 나는 보았다. 그리고 큰 지진
이 일어났고 해는 머리카락처럼 검게 되었고, 달 전체가 피같이 되었다.

6:13

καὶ οἱ ἀστέρες τοῦ οὐρανοῦ ἔπεσαν εἰς τὴν γῆν, ὡς συκῆ βάλλει
τοὺς ὀλύνθους αὐτῆς ὑπὸ ἀνέμου μεγάλου σειομένη,

그리고 하늘의 별들이 땅에 떨어졌는데, 그것은 마치 무화과나무가 큰
바람에 흔들리며 자기의 덜 익은 열매들을 내던지는 것과 같았다.

6:14

καὶ ὁ οὐρανὸς ἀπεχωρίσθη ὡς βιβλίον ἑλισσόμενον καὶ πᾶν ὄρος
καὶ νῆσος ἐκ τῶν τόπων αὐτῶν ἐκινήθησαν.

그리고 하늘은 두루마리처럼 둘둘 말려 떠나가고, 모든 산과 섬은 자기들
의 자리에서 옮겨졌다.

6:15

Καὶ οἱ βασιλεῖς τῆς γῆς καὶ οἱ μεγιστᾶνες καὶ οἱ χιλίαρχοι καὶ οἱ
πλούσιοι καὶ οἱ ἰσχυροὶ καὶ πᾶς δοῦλος καὶ ἐλεύθερος ἔκρυψαν
ἑαυτοὺς εἰς τὰ σπήλαια καὶ εἰς τὰς πέτρας τῶν ὀρέων

그리고 땅의 왕들과 큰 자들과 천인대장들과 부자들과 힘 있는 자들과

모든 종과 자유인이 자신들을 동굴들과 산의 바위들 속으로 숨겼다.

6:16

καὶ λέγουσιν τοῖς ὄρεσιν καὶ ταῖς πέτραις· πέσετε ἐφ᾽ ἡμᾶς καὶ κρύψατε ἡμᾶς ἀπὸ προσώπου τοῦ καθημένου ἐπὶ τοῦ θρόνου καὶ ἀπὸ τῆς ὀργῆς τοῦ ἀρνίου,

그리고 그들은 산과 바위들에게 말한다.

"우리 위에 떨어져 우리를 보좌에 앉아 계시는 분의 얼굴과 어린양의
진노로부터 감추어라."

6:17

ὅτι ἦλθεν ἡ ἡμέρα ἡ μεγάλη τῆς ὀργῆς αὐτῶν, καὶ τίς δύναται σταθῆναι;

이는 그들의 진노의 큰 날이 왔기 때문이다. 그리고 누가 세워질 수 있겠
는가?

해설

어린양이 봉인을 열 때마다 하나님께서 계획하신 일들이 하나씩 계시된다.

어린양이 첫 번째 봉인을 열었을 때, 네 생명체 중 하나가 천둥 같은 음성으로 명령하자 머리에 면류관을 쓰고 손에 활을 잡은 자가 흰말을 타고 나가서 연속적인 승리를 거둔다. 복음은 천둥 같은 소리로 승리의 쟁취를 거듭하면서 전진한다.

어린양이 두 번째 봉인을 열었을 때, 두 번째 생명체가 명령하자 큰 칼을 쥐고 있는 자가 붉은색 말을 타고 나오는데, 그에게는 땅의 평화를 빼앗기 위해 서로를 살해하게 하는 권세가 주어진다. 이리하여 땅에서는 대학살이 일어난다.

어린양이 세 번째 봉인을 열었을 때, 세 번째 생명체가 명령하자 손에 저울을 든 자가 검은색 말을 타고 나온다. 그에게는 땅에서 기근을 일으키는 권세가 주어진다. 그리하여 노동자의 하루 일당으로 겨우 밀 한 되나 보리 석 되를 살 수 있게 된다.

어린양이 네 번째 봉인을 열었을 때, 사망이라는 이름을 가진 자가 연두색 말을 타고 나타나는데, 그 뒤를 음부가 따르고 있다. 이 사망과 음부에게는 땅의 4분의 1에서 칼과 기근과 죽음과 땅의 짐승들에 의해 죽일 권세가 주어진다.

어린양이 다섯 번째 봉인을 열었을 때, 하나님의 말씀과 예수의 증거 때문에 살해당한 자들의 영혼이 제단 밑에서 부르짖으며 속히 자기들의 피에 대해 복수해 달라고 하나님께 탄원하는 모습이 나타난다. 그러나 주님께서는 정해진 순교자의 숫자가 채워질 때까지 조금 더 휴식을 취하라고 말씀하신다. 하나님 나라에서 영광의 면류관을 받을 사람들의 숫자는 이미 정해져 있으며 또한 그 영광을 차지할 사람도 미리 정해져 있음을 알 수 있다.

어린양이 여섯 번째 봉인을 열었을 때, 하늘에는 우주 종말의 징조들과 함께 무시무시한 심판의 날이 다가온다. 그때 땅에서 떵떵거리던 자들뿐 아니라 비천한 자들까지 모든 사람이 하나님의 얼굴과 어린양의 진노로부터 도망치기 위해 동굴이나 바위틈에 몸을 숨기면서 차라리 산과 바위에 깔려 죽기를 원하지만 그들의 뜻대로 되지 않는다. 왜냐하면 전능하신 하나님의 낯을 피해 도망칠 수 있는 곳은 없기 때문이다.

세상 끝 날까지 복음은 힘차게 승리의 행진이 계속하고, 이 땅에서는 끊임없이 무서운 재앙들이 일어나며, 하나님 나라의 증인들은 계속해서 살해당하는 가운데 하나님이 예고하신 우주의 종말과 심판의 날은 다가온다. 그날 주님 앞에 서기 위해서는 견고한 믿음과 인내가 필요하다.

144,000명과 흰옷 입은 사람들

계 7:1-17

7:1

Μετὰ τοῦτο εἶδον τέσσαρας ἀγγέλους ἑστῶτας ἐπὶ τὰς τέσσαρας γωνίας τῆς γῆς, κρατοῦντας τοὺς τέσσαρας ἀνέμους τῆς γῆς ἵνα μὴ πνέῃ ἄνεμος ἐπὶ τῆς γῆς μήτε ἐπὶ τῆς θαλάσσης μήτε ἐπὶ πᾶν δένδρον.

이 일들 후에 나는 네 천사가 땅의 네 모퉁이에 서서 땅에도 바다에도 모든 나무에도 불지 못하게 땅의 네 바람을 붙잡고 있는 것을 보았다.

7:2

Καὶ εἶδον ἄλλον ἄγγελον ἀναβαίνοντα ἀπὸ ἀνατολῆς ἡλίου ἔχοντα σφραγῖδα θεοῦ ζῶντος, καὶ ἔκραξεν φωνῇ μεγάλῃ τοῖς τέσσαρσιν ἀγγέλοις οἷς ἐδόθη αὐτοῖς ἀδικῆσαι τὴν γῆν καὶ τὴν θάλασσαν

그리고 나는 다른 천사가 살아계시는 하나님의 인감도장을 가지고 해 뜨는 곳으로부터 올라오는 것을 보았다. 그리고 그 천사는 땅과 바다를 해칠 권세가 주어진 네 천사들에게 큰 소리로 외치며

7:3

λέγων· μὴ ἀδικήσητε τὴν γῆν μήτε τὴν θάλασσαν μήτε τὰ δένδρα, ἄχρι σφραγίσωμεν τοὺς δούλους τοῦ θεοῦ ἡμῶν ἐπὶ τῶν μετώπων αὐτῶν.

말했다.

"우리가 우리 하나님의 종들을 그들의 이마에 도장을 찍을 때까지 너희는 땅도 바다도 나무도 해치지 말라."

7:4

Καὶ ἤκουσα τὸν ἀριθμὸν τῶν ἐσφραγισμένων, ἑκατὸν τεσσεράκοντα τέσσαρες χιλιάδες, ἐσφραγισμένοι ἐκ πάσης φυλῆς υἱῶν Ἰσραήλ·

그리고 나는 도장 찍힌 자들의 숫자를 들었는데 144,000, 이스라엘 모든 지파에서 도장 찍힌 자들이다.

7:5

ἐκ φυλῆς Ἰούδα δώδεκα χιλιάδες ἐσφραγισμένοι,

ἐκ φυλῆς Ῥουβὴν δώδεκα χιλιάδες,

ἐκ φυλῆς Γὰδ δώδεκα χιλιάδες,

유다지파에서 도장 찍힌 자들이 12,000,

르우벤지파에서 12,000,

갓지파에서 12,000,

7:6

ἐκ φυλῆς Ἀσὴρ δώδεκα χιλιάδες,

ἐκ φυλῆς Νεφθαλὶμ δώδεκα χιλιάδες,

ἐκ φυλῆς Μανασσῆ δώδεκα χιλιάδες,

아셀지파에서 12,000,

납달리지파에서 12,000,

므낫세지파에서 12,000,

7:7

ἐκ φυλῆς Συμεὼν δώδεκα χιλιάδες,

ἐκ φυλῆς Λευὶ δώδεκα χιλιάδες,

ἐκ φυλῆς Ἰσσαχὰρ δώδεκα χιλιάδες,

시므온지파에서 12,000,

레위지파에서 12,000,

잇사갈지파에서 12,000,

7:8

ἐκ φυλῆς Ζαβουλὼν δώδεκα χιλιάδες,

ἐκ φυλῆς Ἰωσὴφ δώδεκα χιλιάδες,

ἐκ φυλῆς Βενιαμὶν δώδεκα χιλιάδες ἐσφραγισμένοι.

스불론지파에서 12,000,

요셉지파에서 12,000,

베냐민지파에서 도장 찍힌 자들이 12,000이다.

7:9

Μετὰ ταῦτα εἶδον, καὶ ἰδοὺ ὄχλος πολύς, ὃν ἀριθμῆσαι αὐτὸν
οὐδεὶς ἐδύνατο, ἐκ παντὸς ἔθνους καὶ φυλῶν καὶ λαῶν καὶ γλωσσῶν
ἑστῶτες ἐνώπιον τοῦ θρόνου καὶ ἐνώπιον τοῦ ἀρνίου περιβεβλημένους

στολὰς λευκὰς καὶ φοίνικες ἐν ταῖς χερσὶν αὐτῶν,

이 일들 후에 나는 보았다. 그리고 보라. 많은 군중이로다. 그런데 그 숫자
를 누구도 셀 수 없었는데 그들은 모든 민족과 족속과 백성과 언어에서
나온 자들로 긴 흰옷을 입고, 손에 종려나무 가지를 들고 하나님 앞에
서 있었다.

7:10

καὶ κράζουσιν φωνῇ μεγάλῃ λέγοντες Ἡ σωτηρία τω θεω ἡμων τω
καθημενω επί τω θρονω και τω αρνιω.

ἡ σωτηρία τῷ θεῷ ἡμῶν τῷ καθημένῳ ἐπὶ τῷ θρόνῳ καὶ τῷ ἀρνίῳ.
그리고 그들은 큰 소리로 외치며 말한다.
"구원은 보좌에 앉아 계시는 우리 하나님과 어린양에게 있도다."

7:11

Καὶ πάντες οἱ ἄγγελοι εἱστήκεισαν κύκλῳ τοῦ θρόνου καὶ τῶν
πρεσβυτέρων καὶ τῶν τεσσάρων ζῴων καὶ ἔπεσαν ἐνώπιον τοῦ θρόνου
ἐπὶ τὰ πρόσωπα αὐτῶν καὶ προσεκύνησαν τῷ θεῷ
그러자 모든 천사가 보좌와 장로들과 네 생명체 주위에 서 있다가 보좌
앞에 그들의 얼굴을 대고 엎드려 하나님께 경배하며

7:12

λέγοντες·
ἀμήν, ἡ εὐλογία καὶ ἡ δόξα καὶ ἡ σοφία καὶ ἡ εὐχαριστία καὶ ἡ
τιμὴ καὶ ἡ δύναμις καὶ ἡ ἰσχὺς τῷ θεῷ ἡμῶν εἰς τοὺς αἰῶνας τῶν

αἰώνων· ἀμήν.

말했다.

"아멘. 찬양과 영광과 지혜와 감사와 존귀와 능력과 힘이 우리 하나님께
세세 무궁토록 있도다."

7:13

Καὶ ἀπεκρίθη εἷς ἐκ τῶν πρεσβυτέρων λέγων μοι· οὗτοι οἱ
περιβεβλημένοι τὰς στολὰς τὰς λευκὰς τίνες εἰσὶν καὶ πόθεν ἦλθον;

그러자 장로들 중의 하나가 나에게 대답하며 말했다.

"긴 흰옷을 입고 있는 이들은 누구이며 어디서 온 자들이냐?"

7:14

καὶ εἴρηκα αὐτῷ·

κύριέ μου, σὺ οἶδας.

καὶ εἶπέν μοι·

οὗτοί εἰσιν οἱ ἐρχόμενοι ἐκ τῆς θλίψεως τῆς μεγάλης καὶ ἔπλυναν
τὰς στολὰς αὐτῶν καὶ ἐλεύκαναν αὐτὰς ἐν τῷ αἵματι τοῦ ἀρνίου.

그리고 내가 그에게 말했다.

"나의 주여, 당신이 아나이다."

그러자 그가 나에게 말했다.

"이들은 큰 고난을 통과한 자들로서 자기들의 긴 옷을 어린양의 피에
씻어서 그것을 희게 한 자들이다.

7:15

διὰ τοῦτό εἰσιν ἐνώπιον τοῦ θρόνου τοῦ θεοῦ καὶ λατρεύουσιν αὐτῷ ἡμέρας καὶ νυκτὸς ἐν τῷ ναῷ αὐτοῦ, καὶ ὁ καθήμενος ἐπὶ τοῦ θρόνου σκηνώσει ἐπ᾽ αὐτούς.

이 때문에 이들은 하나님의 보좌 앞에 있으며, 밤낮으로 그의 성전에서 그를 섬기고 있다. 그리고 보좌에 앉아 계시는 분은 그들 위에 천막을 치실 것이다.

7:16

οὐ πεινάσουσιν ἔτι οὐδὲ διψήσουσιν ἔτι οὐδὲ μὴ πέσῃ ἐπ᾽ αὐτοὺς ὁ ἥλιος οὐδὲ πᾶν καῦμα,

그들은 더 이상 배고프지도 않을 것이고, 더 이상 목마르지도 않을 것이며, 더 이상 태양이나 열기가 그들 위에 떨어지지 않을 것이다.

7:17

ὅτι τὸ ἀρνίον τὸ ἀνὰ μέσον τοῦ θρόνου ποιμανεῖ αὐτοὺς καὶ ὁδηγήσει αὐτοὺς ἐπὶ ζωῆς πηγὰς ὑδάτων, καὶ ἐξαλείψει ὁ θεὸς πᾶν δάκρυον ἐκ τῶν ὀφθαλμῶν αὐτῶν.

이는 보좌 가운데 계시는 어린양이 그들의 목자가 되어 그들을 생명수 샘으로 인도하시고, 그들의 눈에서 모든 눈물을 닦아주실 것이기 때문이다.”

해설

    144,000명은 이스라엘 민족 가운데 온전한 자들이다. 하나님께서는 천사를 통해 그들의 이마에 성령의 인감도장을 찍어주신다. 인감도장은 소유권을 의미한다. 그들은 악한 세상에 물들지 않은 순수한 믿음의 소유자들이다. 옛날 이스라엘의 대제사장은 이마에 "여호와께 성결"이라는 패를 붙이고 성직을 수행했다. 144,000명도 성결과 의로움으로 하나님을 섬기는 자들이다. 그들의 이마에는 어린양과 그의 아버지의 이름이 있는데, 그들은 땅에서 속량함을 받은 첫 열매들이다. 그들의 숫자는 이미 정해져 있으며, 하나님께서 미리 정해놓으신 자들이 그 영광을 차지하게 된다. 놀라운 것은 그들의 숫자가 이스라엘 12지파에 똑같이 배정되어 있다는 것과 이스라엘 민족의 긴 역사로 볼 때 그들의 숫자가 지극히 적다는 것이다. 그들은 모든 민족과 족속과 백성과 언어로부터 나와서 긴 흰옷을 입고 종려나무 가지를 들고 하나님과 어린양의 구원을 찬양하는 모든 성도를 대표하는 자들이다. 왜냐하면 이스라엘은 하나님 나라의 장자권을 가진 민족이기 때문이다. 이 우주적 교회가 완성되면 예수 그리스도는 그들을 자신의 품에 안고 생명수 샘으로 인도하는데, 그 샘은 영광의 본체이신 하나님이다. 그 영광의 본체에서 성령의 샘물이 흘러나와 거룩한 성, 새예루살렘을 적시는 생명의 강물이 된다. 그 도시의 시민들은 성령의 열매를 먹고 성령의 생수를 마시며 살아간다. 그 거룩한 도시에는 태양이나 등불이 필요 없으며 하나님과 어린양이 빛이 된다.

그 거룩한 도시의 시민들은 하나님과 어린양에게서 나오는 영광의 광채 속에 살아가는 빛의 자녀들이다. 그 거룩한 도시에는 성전이 따로 없고 영광의 본체이신 하나님과 어린양이 성전이다. 그 성전 안에는 하나님의 의와 영광으로 가득 차 있는 거룩한 공간이 있다. 144,000명과 흰옷을 입은 자들은 그 거룩한 공간에 들어가 하나님의 지혜와 능력과 위대하심을 두 눈으로 보고, 세세 무궁토록 찬양하게 될 것이다. 144,000명과 흰옷을 입은 자들은 그 거룩한 도시의 시민권을 얻은 자들로서, 그들은 모두 고난을 통하여 단련된 순수한 믿음을 가진 자들이며, 목숨 바쳐 그리스도를 사랑한 자들이다. 그들은 매일 하나님의 얼굴을 볼 수 있는 축복받은 영혼들인데, 이 영원한 축복은 도살 당한 어린양 예수 그리스도의 십자가 은혜에서 생겨난 것이다.

교회의 사명

계 8:1-5

8:1

Καὶ ὅταν ἤνοιξεν τὴν σφραγῖδα τὴν ἑβδόμην, ἐγένετο σιγὴ ἐν τῷ οὐρανῷ ὡς ἡμιώριον.

그리고 어린양이 일곱 번째 봉인을 열었을 때, 하늘에 반 시간쯤 고요가 있었다.

8:2

Καὶ εἶδον τοὺς ἑπτὰ ἀγγέλους οἳ ἐνώπιον τοῦ θεοῦ ἑστήκασιν, καὶ ἐδόθησαν αὐτοῖς ἑπτὰ σάλπιγγες.

그리고 나는 일곱 천사가 하나님 앞에 서 있는 것을 보았다. 그리고 그들에게 일곱 개의 나팔이 주어졌다.

8:3

Καὶ ἄλλος ἄγγελος ἦλθεν καὶ ἐστάθη ἐπὶ τοῦ θυσιαστηρίου ἔχων λιβανωτὸν χρυσοῦν, καὶ ἐδόθη αὐτῷ θυμιάματα πολλά, ἵνα δώσει ταῖς προσευχαῖς τῶν ἁγίων πάντων ἐπὶ τὸ θυσιαστήριον τὸ χρυσοῦν τὸ ἐνώπιον τοῦ θρόνου.

그런데 다른 천사가 금향로를 가지고 제단 위에 섰다. 그리고 그에게 많은 향이 주어졌는데, 이는 그가 모든 성도의 기도와 함께 보좌 앞에 있는 금 제단에 드리려는 것이었다.

8:4

καὶ ἀνέβη ὁ καπνὸς τῶν θυμιαμάτων ταῖς προσευχαῖς τῶν ἁγίων ἐκ χειρὸς τοῦ ἀγγέλου ἐνώπιον τοῦ θεοῦ.

그리고 향의 연기가 성도들의 기도와 함께 그 천사의 손에서 하나님 앞으로 올라갔다.

8:5

καὶ εἴληφεν ὁ ἄγγελος τὸν λιβανωτὸν καὶ ἐγέμισεν αὐτὸν ἐκ τοῦ πυρὸς τοῦ θυσιαστηρίου καὶ ἔβαλεν εἰς τὴν γῆν, καὶ ἐγένοντο βρονταὶ καὶ φωναὶ καὶ ἀστραπαὶ καὶ σεισμός.

그리고 그 천사가 향로를 들고 그것을 제단의 불로 채워서 땅에 던졌다. 그러자 천둥들과 음성들과 번개들과 지진이 일어났다.

해설

어린양이 일곱 번째 봉인을 열었을 때, 하늘에 잠시 정적이 흐른 후 세 가지 장면이 나타난다.

첫째, 나팔을 들고 하나님 앞에 도열해 있는 일곱 천사다. 이 천사들이 장차 차례대로 나팔을 불면 하나님께서 예비하신 종말론적 재앙들이 계시된다. 역사의 주관자는 하나님이다. 교회는 하나님의 절대 주권적 역사 섭리와 종말론적 구원의 소식을 힘차게 증거하며 세상 끝 날까지 복음의 행진을 계속해야 한다.

둘째, 금향로를 가지고 있는 천사가 많은 향과 함께 성도들의 기도를 보좌 앞에 있는 금 제단에 쏟았을 때 향연이 천사의 손을 통하여 하나님께 올라간다. 성도의 기도는 성령의 불과 어우러질 때 하나님께서 기뻐하시는 거룩한 향연이 되어 보좌에 상달된다. 그 성령의 불은 오직 예수 그리스도의 십자가 제단에만 있다.

셋째, 천사가 보좌 앞에 있는 금 제단에서 불을 취해 금향로에 담은 후 그것을 땅에 던지자 천둥과 음성과 번개와 지진이 일어난다. 성령의 불을 간직하고 있는 금향로는 예수 그리스도의 몸인 교회다. 교회는 성육신하신 예수 그리스도처럼 역사 속에 던져질 때 하나님의 능력과 영광이 된다.

교회의 사명은 하나님의 종말론적 구원의 소식을 선포하는 것, 성령으로 기도하는 것, 역사에 참여하는 것이다.

종말론적 재앙들

계 8:6-13

8:6

Καὶ οἱ ἑπτὰ ἄγγελοι οἱ ἔχοντες τὰς ἑπτὰ σάλπιγγας ἡτοίμασαν αὐτοὺς ἵνα σαλπίσωσιν.

그리고 일곱 개의 나팔을 가지고 있는 일곱 천사가 나팔을 불기 위해 자신을 준비했다.

8:7

Καὶ ὁ πρῶτος ἐσάλπισεν· καὶ ἐγένετο χάλαζα καὶ πῦρ μεμιγμένα ἐν αἵματι καὶ ἐβλήθη εἰς τὴν γῆν, καὶ τὸ τρίτον τῆς γῆς κατεκάη καὶ τὸ τρίτον τῶν δένδρων κατεκάη καὶ πᾶς χόρτος χλωρὸς κατεκάη.

그리고 첫 번째 천사가 나팔을 불었다. 그러자 우박과 피에 섞인 불이 생겨서 땅에 던져졌다. 그러자 땅의 3분의 1이 태워졌고, 나무들의 3분의 1이 태워졌고, 모든 연한 풀이 태워졌다.

8:8

Καὶ ὁ δεύτερος ἄγγελος ἐσάλπισεν· καὶ ὡς ὄρος μέγα πυρὶ καιόμενον ἐβλήθη εἰς τὴν θάλασσαν, καὶ ἐγένετο τὸ τρίτον τῆς θαλάσσης αἷμα

그리고 두 번째 천사가 나팔을 불었다. 그러자 불붙은 큰 산 같은 것이 바다에 던져졌다. 그러자 바다의 3분의 1이 피가 되었고,

8:9

καὶ ἀπέθανεν τὸ τρίτον τῶν κτισμάτων τῶν ἐν τῇ θαλάσσῃ τὰ ἔχοντα ψυχὰς καὶ τὸ τρίτον τῶν πλοίων διεφθάρησαν.

바닷속에 생명을 가지고 있는 피조물들 중의 3분의 1이 죽고, 배들의 3분의 1이 파괴되었다.

8:10

Καὶ ὁ τρίτος ἄγγελος ἐσάλπισεν· καὶ ἔπεσεν ἐκ τοῦ οὐρανοῦ ἀστὴρ μέγας καιόμενος ὡς λαμπὰς καὶ ἔπεσεν ἐπὶ τὸ τρίτον τῶν ποταμῶν καὶ ἐπὶ τὰς πηγὰς τῶν ὑδάτων,

그리고 세 번째 천사가 나팔을 불었다. 그러자 하늘로부터 횃불 같은 큰 불타는 별이 떨어져서 강의 3분의 1과 물의 샘의 3분의 1에 떨어졌다.

8:11

καὶ τὸ ὄνομα τοῦ ἀστέρος λέγεται ὁ Ἄψινθος, καὶ ἐγένετο τὸ τρίτον τῶν ὑδάτων εἰς ἄψινθον καὶ πολλοὶ τῶν ἀνθρώπων ἀπέθανον ἐκ τῶν ὑδάτων ὅτι ἐπικράνθησαν.

그런데 그 별의 이름은 쑥이라고 한다. 그리고 물들의 3분의 1이 쑥이 되었고, 사람들 중의 많은 자가 물들로 인해 쓰라림을 당하여 죽었다.

8:12

Καὶ ὁ τέταρτος ἄγγελος ἐσάλπισεν· καὶ ἐπλήγη τὸ τρίτον τοῦ ἡλίου καὶ τὸ τρίτον τῆς σελήνης καὶ τὸ τρίτον τῶν ἀστέρων, ἵνα σκοτισθῇ τὸ τρίτον αὐτῶν καὶ ἡ ἡμέρα μὴ φάνῃ τὸ τρίτον αὐτῆς καὶ ἡ νὺξ ὁμοίως.

그리고 네 번째 천사가 나팔을 불었다. 그러자 태양의 3분의 1과 달의 3분의 1과 별들의 3분의 1이 타격을 입었다. 그래서 낮은 그것의 3분의 1이 비추지 않았고 밤도 마찬가지였다.

8:13

Καὶ εἶδον, καὶ ἤκουσα ἑνὸς ἀετοῦ πετομένου ἐν μεσουρανήματι λέγοντος φωνῇ μεγάλῃ· οὐαὶ οὐαὶ οὐαὶ τοὺς κατοικοῦντας ἐπὶ τῆς γῆς ἐκ τῶν λοιπῶν φωνῶν τῆς σάλπιγγος τῶν τριῶν ἀγγέλων τῶν μελλόντων σαλπίζειν.

그리고 나는 보았다. 그리고 나는 공중에 날고 있는 독수리 하나가 큰 음성으로 말하는 것을 들었다.

"장차 나팔을 불게 될 세 천사들의 나머지 나팔 소리들로 인해 땅 위에 거주하는 자들에게, 화로다 화로다 화로다."

해설

    나팔을 들고 하나님 앞에 도열한 일곱 천사는 하나님의 명령에 따라 정해진 순서대로 나팔을 불기 시작한다. 그들은 하나님의 뜻과 계획과 의지를 실현하는 계시의 도구들이다. 천사들이 나팔을 불 때마다 종말론적 재앙들이 일어나고, 지구는 환경의 3분의 1이 파괴되어 더 이상 사람이 살 수 없는 공간이 된다.

    첫째, 땅에서는 땅의 3분의 1이 불에 타고, 나무들의 3분의 1이 불에 타고, 모든 연한 풀이 불에 타버린다.

    둘째, 바다에서는 바다의 3분의 1이 피가 되고, 바닷속 생물들의 3분의 1이 죽고, 배들의 3분의 1이 파괴된다.

    셋째, 생명의 근원인 물이 오염되어 강물의 3분의 1과 샘물의 3분의 1이 쑥이 되고, 많은 사람이 물 때문에 죽는다.

    넷째, 하늘에서는 해와 달과 별들의 3분의 1이 공격을 받아 빛을 내지 못하게 된다.

    만약 이것을 만화나 영화로 만들어 보여준다면 많은 사람이 두려움과 공포로 인해 기절하거나 심장마비로 죽거나 자살하거나 미쳐버릴 것이다. 여기서 중요한 것은 이 사건의 현상들 속에 들어 있는 인격성이다. 피 섞인 불이 하늘에서 떨어진다는 것은 생각만 해도 끔찍한 재앙인데, 그 속에는 어떤 한 맺힌 복수의 의지가 들어 있다. 그 복수의 의도성은 바다의 3분의 1을 피로 만들어 놓은 두 번째 재앙에서도 드러난다. 드디어 하나님의 진노와 어린양의 복수가 시작된 것이다.

이 세상의 주인이 자신의 실체를 드러내는 순간 인간의 역사는 종말론적 파멸을 향하여 달려간다. 그것은 인간의 의지가 감당할 수 없는 절대주권적 의지에 의해 계획대로 착착 진행되며 모든 인간의 역사와 문명의 위대성을 비웃으며 흔적도 없이 쓸어버린다. 인간은 그 전능자의 위력 앞에 아무것도 아니다. 그리하여 하나님의 은혜와 사랑의 품을 떠나 자기의 의와 영광을 추구하던 인간의 역사는 비참한 종말을 맞이하게 된다. 모든 것은 결국 어리석은 욕망에서 비롯된 허망한 것이었다는 것이 드러나게 된다. 그러나 이것이 끝이 아니다. 아직도 나팔을 불지 않은 천사가 셋이나 기다리고 있기 때문이다. 하나님은 거짓말하거나 농담을 하는 분이 아니다. 이 일들은 장차 반드시 일어날 일들을 예수 그리스도께서 사도 요한을 통하여 미리 알려주신 것이다. 우리는 하나님의 성실성과 진실성을 믿어야 한다. 우리에게는 어린아이와 같은 순수한 믿음이 필요하다. 그러면 이 모든 이야기가 생생하게 살아 있는 하나님의 현실이 될 것이다.

메뚜기들과 기병대

계 9:1-21

9:1

Καὶ ὁ πέμπτος ἄγγελος ἐσάλπισεν· καὶ εἶδον ἀστέρα ἐκ τοῦ οὐρανοῦ πεπτωκότα εἰς τὴν γῆν, καὶ ἐδόθη αὐτῷ ἡ κλεὶς τοῦ φρέατος τῆς ἀβύσσου

그리고 다섯 번째 천사가 나팔을 불었다. 그리고 나는 하늘로부터 땅에 떨어진 별을 보았는데, 그에게는 무저갱의 열쇠가 주어졌다.

9:2

καὶ ἤνοιξεν τὸ φρέαρ τῆς ἀβύσσου, καὶ ἀνέβη καπνὸς ἐκ τοῦ φρέατος ὡς καπνὸς καμίνου μεγάλης, καὶ ἐσκοτώθη ὁ ἥλιος καὶ ὁ ἀὴρ ἐκ τοῦ καπνοῦ τοῦ φρέατος.

그리고 그가 무저갱을 열었다. 그러자 무저갱에서 큰 아궁이의 연기 같은 연기가 올라왔다. 그리고 무저갱의 연기로 인해 해와 공기가 어두워졌다.

9:3

καὶ ἐκ τοῦ καπνοῦ ἐξῆλθον ἀκρίδες εἰς τὴν γῆν, καὶ ἐδόθη αὐταῖς ἐξουσία ὡς ἔχουσιν ἐξουσίαν οἱ σκορπίοι τῆς γῆς.

그리고 그 연기에서 메뚜기들이 땅으로 나왔다. 그리고 그것들에게는 땅의 전갈들이 가지고 있는 것과 같은 권세가 주어졌다.

9:4

καὶ ἐρρέθη αὐταῖς ἵνα μὴ ἀδικήσουσιν τὸν χόρτον τῆς γῆς οὐδὲ πᾶν χλωρὸν οὐδὲ πᾶν δένδρον, εἰ μὴ τοὺς ἀνθρώπους οἵτινες οὐκ ἔχουσιν τὴν σφραγῖδα τοῦ θεοῦ ἐπὶ τῶν μετώπων.

그리고 그것들에게는 땅의 풀이나 모든 채소나 나무는 해치지 말고, 오직 이마에 하나님의 도장을 가지고 있지 않은 자들만 해치라는 명령이 주어졌다.

9:5

καὶ ἐδόθη αὐτοῖς ἵνα μὴ ἀποκτείνωσιν αὐτούς, ἀλλ᾽ ἵνα βασανισθήσονται μῆνας πέντε, καὶ ὁ βασανισμὸς αὐτῶν ὡς βασανισμὸς σκορπίου ὅταν παίσῃ ἄνθρωπον.

그리고 그것들에게는 사람들을 죽이지 말고, 대신에 사람들이 다섯 달 동안 고문 당하게 하라는 명령이 주어졌다. 그런데 그것들의 고통은 전갈이 사람을 쏠 때의 고통 같았다.

9:6

καὶ εν ταις ἡμεραις εκειναις ζητησουσιν οἱ ἀνθρωποι τον θανατον και ου μη εὑρησουσιν αυτόν, και επιθυμησουσιν αποθανειν και φεύγει ὁ θάνατος απ αυτών.

그리고 저 날들에 사람들은 죽음을 찾을 것이나 그들은 그것을 결단코 발견하지 못할 것이다. 그리고 그들은 죽기를 갈망할 것이지만 죽음이 그들에게서 도망칠 것이다.

9:7

Καὶ τὰ ὁμοιώματα τῶν ἀκρίδων ὅμοια ἵπποις ἡτοιμασμένοις εἰς πόλεμον, καὶ ἐπὶ τὰς κεφαλὰς αὐτῶν ὡς στέφανοι ὅμοιοι χρυσῷ, καὶ τὰ πρόσωπα αὐτῶν ὡς πρόσωπα ἀνθρώπων,

그런데 메뚜기들의 모습은 전쟁을 위하여 준비된 말들 같았다. 그리고 그 머리에는 금 면류관 같은 것이 있고, 그 얼굴은 사람의 얼굴 같았다.

9:8

καὶ εἶχον τρίχας ὡς τρίχας γυναικῶν, καὶ οἱ ὀδόντες αὐτῶν ὡς λεόντων ἦσαν,

그리고 그것들은 여자들의 머리카락 같은 머리카락을 가지고 있었고, 그 이빨은 사자의 이빨 같았다.

9:9

καὶ εἶχον θώρακας ὡς θώρακας σιδηροῦς, καὶ ἡ φωνὴ τῶν πτερύγων αὐτῶν ὡς φωνὴ ἁρμάτων ἵππων πολλῶν τρεχόντων εἰς πόλεμον,

그리고 그것들은 철 흉갑 같은 흉갑을 차고 있었고, 그것들의 날개 소리는 전쟁터로 달려가는 많은 말이 끄는 전차들의 소리 같았다.

9:10

καὶ ἔχουσιν οὐρὰς ὁμοίας σκορπίοις καὶ κέντρα, καὶ ἐν ταῖς οὐραῖς αὐτῶν ἡ ἐξουσία αὐτῶν ἀδικῆσαι τοὺς ἀνθρώπους μῆνας πέντε,

그리고 그것들은 전갈 같은 꼬리와 침을 가지고 있었다. 그리고 그것들의
꼬리에는 사람들을 다섯 달 동안 괴롭힐 그것들의 권세가 주어졌다.

9:11

ἔχουσιν ἐπ᾽ αὐτῶν βασιλέα τὸν ἄγγελον τῆς ἀβύσσου, ὄνομα αὐτῷ
Ἑβραϊστὶ Ἀβαδδών, καὶ ἐν τῇ Ἑλληνικῇ ὄνομα ἔχει Ἀπολλύων.

그것들은 자기들 위에 무저갱의 천사를 왕으로 모시고 있었는데, 그의
이름은 히브리어로 아바돈이고 헬라어로는 아폴뤼온(파괴자)이었다.

9:12

Ἡ οὐαὶ ἡ μία ἀπῆλθεν· ἰδοὺ ἔρχεται ἔτι δύο οὐαὶ μετὰ ταῦτα.

첫 번째 화가 지나갔다. 보라, 이 일들 후에 아직 두 개의 화가 오고 있다.

9:13

Καὶ ὁ ἕκτος ἄγγελος ἐσάλπισεν· καὶ ἤκουσα φωνὴν μίαν ἐκ τῶν
″τεσσάρων″ κεράτων τοῦ θυσιαστηρίου τοῦ χρυσοῦ τοῦ ἐνώπιον τοῦ
θεοῦ,

그리고 여섯 번째 천사가 나팔을 불었다. 그리고 나는 하나님 앞에 있는
금 제단의 네 뿔들로부터 한 음성을 들었다.

9:14

λέγοντα τῷ ἕκτῳ ἀγγέλῳ, ὁ ἔχων τὴν σάλπιγγα·
λῦσον τοὺς τέσσαρας ἀγγέλους τοὺς δεδεμένους ἐπὶ τῷ ποταμῷ τῷ

μεγάλῳ Εὐφράτῃ.

그 음성은 나팔을 가지고 있는 여섯 번째 천사에게 말했다.

"큰 강 유프라테스에 묶여 있는 네 천사를 풀어줘라."

9:15

καὶ ἐλύθησαν οἱ τέσσαρες ἄγγελοι οἱ ἡτοιμασμένοι εἰς τὴν ὥραν καὶ ἡμέραν καὶ μῆνα καὶ ἐνιαυτόν, ἵνα ἀποκτείνωσιν τὸ τρίτον τῶν ἀνθρώπων.

그러자 시간과 날과 달과 해를 위하여 준비된 네 천사가 사람들 중의 3분의 1을 죽이기 위해 풀려났다.

9:16

καὶ ὁ ἀριθμὸς τῶν στρατευμάτων τοῦ ἱππικοῦ δισμυριάδες μυριάδων, ἤκουσα τὸν ἀριθμὸν αὐτῶν.

그런데 기병대의 숫자가 2억이었다. 내가 그들의 숫자를 들었다.

9:17

Καὶ οὕτως εἶδον τοὺς ἵππους ἐν τῇ ὁράσει καὶ τοὺς καθημένους ἐπ᾽ αὐτῶν, ἔχοντας θώρακας πυρίνους καὶ ὑακινθίνους καὶ θειώδεις, καὶ αἱ κεφαλαὶ τῶν ἵππων ὡς κεφαλαὶ λεόντων, καὶ ἐκ τῶν στομάτων αὐτῶν ἐκπορεύεται πῦρ καὶ καπνὸς καὶ θεῖον.

그리고 이와 같이 나는 환상 중에 말들과 그 위에 앉은 자들을 보았는데, 그들은 붉은색과 자주색과 유황색의 흉갑을 차고 있고, 그들의 머리는 사자의 머리 같고, 그들의 입에서는 불과 연기와 유황이 나온다.

9:18

ἀπὸ τῶν τριῶν πληγῶν τούτων ἀπεκτάνθησαν τὸ τρίτον τῶν ἀνθρώπων, ἐκ τοῦ πυρὸς καὶ τοῦ καπνοῦ καὶ τοῦ θείου τοῦ ἐκπορευομένου ἐκ τῶν στομάτων αὐτῶν.

이 세 가지 공격으로, 곧 그들의 입에서 나오는 불과 연기와 유황으로 인해 사람들의 3분의 1이 죽임을 당했다.

9:19

ἡ γὰρ ἐξουσία τῶν ἵππων ἐν τῷ στόματι αὐτῶν ἐστιν καὶ ἐν ταῖς οὐραῖς αὐτῶν, αἱ γὰρ οὐραὶ αὐτῶν ὅμοιαι ὄφεσιν, ἔχουσαι κεφαλὰς καὶ ἐν αὐταῖς ἀδικοῦσιν.

왜냐하면 말들의 권세는 그것들의 입과 꼬리에 있기 때문인데, 말들의 꼬리는 뱀 같고 머리를 가지고 있는데 그것으로 해를 끼친다.

9:20

Καὶ οἱ λοιποὶ τῶν ἀνθρώπων, οἳ οὐκ ἀπεκτάνθησαν ἐν ταῖς πληγαῖς ταύταις, οὐδὲ μετενόησαν ἐκ τῶν ἔργων τῶν χειρῶν αὐτῶν, ἵνα μὴ προσκυνήσουσιν τὰ δαιμόνια καὶ τὰ εἴδωλα τὰ χρυσᾶ καὶ τὰ ἀργυρᾶ καὶ τὰ χαλκᾶ καὶ τὰ λίθινα καὶ τὰ ξύλινα, ἃ οὔτε βλέπειν δύνανται οὔτε ἀκούειν οὔτε περιπατεῖν,

그리고 사람들 중에서 이 공격으로 죽임을 당하지 않은 사람들은 자기들의 행위들로부터 회개하지도 않고, 자기들의 손으로 만든, 볼 수도 없고 들을 수도 없고 걸어 다닐 수도 없는 금과 은과 청동과 돌과 나무로 된 우상에게 절하고 있었다.

9:21

καὶ οὐ μετενόησαν ἐκ τῶν φόνων αὐτῶν οὔτε ἐκ τῶν φαρμάκων αὐτῶν οὔτε ἐκ τῆς πορνείας αὐτῶν οὔτε ἐκ τῶν κλεμμάτων αὐτῶν.

그리고 그들은 자기들의 살인으로부터도, 자기들의 속임수로부터도, 자기들의 음행으로부터도, 자기들의 도둑질로부터도 회개하지 않았다.

해설

　다섯 번째 천사가 나팔을 불자 하늘에서 쫓겨난 천사가 나타난다. 그에게는 무저갱의 열쇠가 주어졌는데, 그의 이름은 파괴자다. 그가 무저갱의 열쇠로 무저갱을 열자 큰 연기가 올라와 해와 공기가 어두워진다. 그 연기를 따라 기괴한 모습의 메뚜기들이 나오는데, 그들에게는 전갈의 쏘는 힘과 같은 권세가 주어진다. 메뚜기들은 무저갱의 천사를 왕으로 섬기면서 그 꼬리의 힘으로 사람들을 5개월 동안 괴롭힌다. 그러나 그들에게는 땅의 풀이나 나무나 채소는 해치지 말고 오직 이마에 하나님의 도장이 찍히지 않은 사람들만 괴롭히라는 지시가 떨어진다. 메뚜기의 공격을 받은 사람들은 차라리 죽기를 원하지만 죽음은 그들을 피해 도망쳐 버린다. 이로써 타락한 천사와 재앙뿐 아니라 죽음까지도 하나님의 뜻에 따라 움직이는 종이라는 것이 분명히 드러난다. 이제 남은 것은 모든 인류가 죄악에서 돌이켜 진리의 하나님께 돌아서는 것이다. 그러나 세상은 구원의 길을 버리고 자멸의 길을 선택한다.

　여섯 번째 천사가 나팔을 불자 유프라테스강에 결박되어 있던 네 천사가 풀려남과 동시에 대규모 전쟁이 일어난다. 이때 기괴한 형상을 가진 2억의 기병대가 나타나 불과 연기와 유황으로 사람들을 죽인다. 이미 지구의 자연환경의 3분의 1이 파괴된 대혼란 속에서 이번에는 인류의 3분의 1이 죽임을 당한다. 이제 지구의 멸망은 시간문제다. 그러나 이러한 무시무시한 재앙 속에서도 사람들은 회개하지 않고 끝까지 저항한다. 그들은 살아계시는 하나님의 품으로 돌아오지 않고 자기들이 만든 우상을 섬기면서 죄악을 즐긴다. 이러한 반역은 하나님의 의의 심판에 대한 정당성을 제공하면서, 세상은 종말론적 파멸을 향하여 나아간다.

메뚜기들과 기병대는 공상과학 영화에 나올 법한 기이한 형상을 하고 있다. 메뚜기들은 쇠로 된 가슴 보호대를 차고, 머리에는 가짜 금 면류관을 쓰고, 사람의 얼굴과 여자의 머리카락과 사자의 이빨을 가지고 전쟁터로 달려 나가는 말처럼 호전적이다. 무저갱의 연기와 메뚜기 재앙은 공기의 오염으로 인한 환경파괴와 각종 오염물질을 연상시킨다. 기병대들은 붉은색과 자주색과 유황색의 가슴 보호대를 차고, 사자의 머리를 가지고, 입에서 불과 연기와 유황을 뿜어낸다. 이들은 마치 탱크나 대포, 비행기, 미사일, 로봇 같은 현대식 무기들처럼 엄청난 살상력을 가지고 인류의 3분의 1을 죽인다. 특히 주목할 부분은 대규모 전쟁이 유프라테스강 주변에서 일어난다는 것이다.

힘센 천사와 두루마리

계 10:1-11

10:1

Καὶ εἶδον ἄλλον ἄγγελον ἰσχυρὸν καταβαίνοντα ἐκ τοῦ οὐρανοῦ περιβεβλημένον νεφέλην, καὶ ἡ ἶρις ἐπὶ τῆς κεφαλῆς αὐτοῦ καὶ τὸ πρόσωπον αὐτοῦ ὡς ὁ ἥλιος καὶ οἱ πόδες αὐτοῦ ὡς στῦλοι πυρός,

그리고 나는 다른 힘센 천사가 구름을 입고 하늘로부터 내려오는 것을 보았다. 그리고 그의 머리 위에는 무지개가 있고, 그의 얼굴은 해와 같고 그의 발들은 불기둥 같았다.

10:2

καὶ ἔχων ἐν τῇ χειρὶ αὐτοῦ βιβλαρίδιον ἠνεῳγμένον. καὶ ἔθηκεν τὸν πόδα αὐτοῦ τὸν δεξιὸν ἐπὶ τῆς θαλάσσης, τὸν δὲ εὐώνυμον ἐπὶ τῆς γῆς,

그리고 그의 손에는 펼쳐진 작은 두루마리가 있었다. 그리고 그는 그의 오른발은 바다에 그리고 왼발은 땅에 두었다.

10:3

καὶ ἔκραξεν φωνῇ μεγάλῃ ὥσπερ λέων μυκᾶται. καὶ ὅτε ἔκραξεν, ἐλάλησαν αἱ ἑπτὰ βρονταὶ τὰς ἑαυτῶν φωνάς.

그리고 그는 사자가 우는 것처럼 큰 소리로 외쳤다. 그리고 그가 외쳤을 때 일곱 천둥이 자신들의 음성으로 이야기했다.

10:4

καὶ ὅτε ἐλάλησαν αἱ ἑπτὰ βρονταί, ἤμελλον γράφειν, καὶ ἤκουσα φωνὴν ἐκ τοῦ οὐρανοῦ λέγουσαν· σφράγισον ἃ ἐλάλησαν αἱ ἑπτὰ βρονταί, καὶ μὴ αὐτὰ γράψῃς.

그리고 일곱 천둥이 이야기할 때 내가 쓰려고 했다. 그리고 나는 하늘로부터 말하는 음성을 들었다.

"일곱 천둥이 이야기한 것들을 봉인하고, 그것들을 기록하지 말라."

10:5

Καὶ ὁ ἄγγελος, ὃν εἶδον ἑστῶτα ἐπὶ τῆς θαλάσσης καὶ ἐπὶ τῆς γῆς, ἦρεν τὴν χεῖρα αὐτοῦ τὴν δεξιὰν εἰς τὸν οὐρανὸν

그리고 내가 보았던 바다와 땅에 서 있던 그 천사가 그의 오른손을 하늘을 향하여 들고

10:6

καὶ ὤμοσεν ἐν τῷ ζῶντι εἰς τοὺς αἰῶνας τῶν αἰώνων, ὃς ἔκτισεν τὸν οὐρανὸν καὶ τὰ ἐν αὐτῷ καὶ τὴν γῆν καὶ τὰ ἐν αὐτῇ καὶ τὴν θάλασσαν καὶ τὰ ἐν αὐτῇ, ὅτι χρόνος οὐκέτι ἔσται,

세세 무궁토록 살아계시는 분, 곧 하늘과 그 안에 있는 것들과 땅과 그 안에 있는 것들과 바다와 그 안에 있는 것들을 창조하신 분에게 맹세했다.

왜냐하면 더 이상 시간이 없을 것이기 때문이다.

10:7

ἀλλ᾽ ἐν ταῖς ἡμέραις τῆς φωνῆς τοῦ ἑβδόμου ἀγγέλου, ὅταν μέλλῃ σαλπίζειν, καὶ ἐτελέσθη τὸ μυστήριον τοῦ θεοῦ, ὡς εὐηγγέλισεν τοὺς ἑαυτοῦ δούλους τοὺς προφήτας.

그러나 일곱 번째 천사의 소리의 날들에, 곧 그가 장차 나팔을 불 때, 하나님께서 자신의 종들인 선지자들에게 전하셨던 것처럼 하나님의 비밀이 끝났다.

10:8

Καὶ ἡ φωνὴ ἣν ἤκουσα ἐκ τοῦ οὐρανοῦ πάλιν λαλοῦσαν μετ᾽ ἐμοῦ καὶ λέγουσαν· ὕπαγε λάβε τὸ βιβλίον τὸ ἠνεῳγμένον ἐν τῇ χειρὶ τοῦ ἀγγέλου τοῦ ἑστῶτος ἐπὶ τῆς θαλάσσης καὶ ἐπὶ τῆς γῆς.

그리고 내가 하늘로부터 들었던 음성이 다시 나와 함께 이야기하며 말했다. "가서 바다와 땅에 서 있는 천사의 손에서 펼쳐진 두루마리를 받아라."

10:9

καὶ ἀπῆλθα πρὸς τὸν ἄγγελον λέγων αὐτῷ δοῦναί μοι τὸ βιβλαρίδιον. καὶ λέγει μοι· λάβε καὶ κατάφαγε αὐτό, καὶ πικρανεῖ σου τὴν κοιλίαν, ἀλλ᾽ ἐν τῷ στόματί σου ἔσται γλυκὺ ὡς μέλι.

그리고 나는 그 천사를 향하여 가서 그에게 작은 두루마리를 나에게 주라고 말했다. 그러자 그가 나에게 말한다.

"받아서 그것을 씹어 먹어라. 그러면 그것이 너의 배를 쓰게 할 것이다.

그러나 너의 입에서는 꿀처럼 달 것이다.”

10:10

Καὶ ἔλαβον τὸ βιβλαρίδιον ἐκ τῆς χειρὸς τοῦ ἀγγέλου καὶ κατέφαγον αὐτό, καὶ ἦν ἐν τῷ στόματί μου ὡς μέλι γλυκὺ καὶ ὅτε ἔφαγον αὐτό, ἐπικράνθη ἡ κοιλία μου.

그리고 나는 그 천사의 손에서 작은 두루마리를 받아서 그것을 씹어 먹었다. 그러자 그것은 나의 입에서 꿀처럼 달았다. 그러나 그것을 먹었을 때 나의 배가 쓰라렸다.

10:11

καὶ λέγουσίν μοι· δεῖ σε πάλιν προφητεῦσαι ἐπὶ λαοῖς καὶ ἔθνεσιν καὶ γλώσσαις καὶ βασιλεῦσιν πολλοῖς.

그러자 그들이 나에게 말한다.

“너는 반드시 많은 백성과 민족과 언어와 왕에게 다시 예언해야만 한다.”

해설

사도 요한은 크고 힘센 천사로부터 작은 두루마리를 받아 씹어 먹는다. 그 두루마리 책에는 예언의 말씀이 기록되어 있었는데, 그 말씀은 그의 입에서는 꿀처럼 달았지만 배 속에서는 고통을 주었다. 그것은 하나님의 생각이 사람의 생각과 다르기 때문이다. 예언의 말씀은 언제나 십자가 죽음을 통하여 부활의 영광으로 들어가신 예수 그리스도를 증거하며, 주의 종들에게 자기 십자가를 지고 그리스도의 뒤를 따를 것을 요구한다. 그가 예언의 말씀을 씹어서 소화시키자 그가 반드시 다시 온 세상에 나가 예언해야 한다는 소리가 들려온다. 그에게는 유배 생활의 평온함에서 벗어나 이제 다시 선교사로서의 험난한 길이 기다리고 있는 것이다. 이 힘센 천사는 땅과 바다를 밟고 구름을 입고 머리에 무지개를 쓰고 해와 같이 빛나는 얼굴과 불기둥 같은 발을 가지고 있으며, 그가 외칠 때 일곱 천둥이 화답하는 것으로 보아 서열이 상당히 높은 천사라는 것을 알 수 있다.

두 증인 이야기
: 교회의 승리

계 11:1-14

11:1

Καὶ ἐδόθη μοι κάλαμος ὅμοιος ῥάβδῳ, λέγων· ἔγειρε καὶ μέτρησον τὸν ναὸν τοῦ θεοῦ καὶ τὸ θυσιαστήριον καὶ τοὺς προσκυνοῦντας ἐν αὐτῷ.

그리고 나에게 지팡이 같은 갈대가 주어졌다. 그리고 그가 말했다. "일어나라. 그리고 하나님의 성전과 제단과 그 안에서 경배하는 자들을 측량하라.

11:2

καὶ τὴν αὐλὴν τὴν ἔξωθεν τοῦ ναοῦ ἔκβαλε ἔξωθεν καὶ μὴ αὐτὴν μετρήσῃς, ὅτι ἐδόθη τοῖς ἔθνεσιν, καὶ τὴν πόλιν τὴν ἁγίαν πατήσουσιν μῆνας τεσσεράκοντα καὶ δύο.

그리고 성전의 바깥뜰은 제외하고 그것을 측량하지 말라. 왜냐하면 그것은 이방인들에게 주어졌기 때문이다. 그리고 그들은 거룩한 도시를 42개월 동안 짓밟을 것이다.

11:3

Καὶ δώσω τοῖς δυσὶν μάρτυσίν μου καὶ προφητεύσουσιν ἡμέρας
χιλίας διακοσίας ἑξήκοντα περιβεβλημένοι σάκκους.

그리고 나는 나의 두 증인들에게 줄 것이고, 그들은 1,260일 동안 베옷을
입고 예언할 것이다.

11:4

οὗτοί εἰσιν αἱ δύο ἐλαῖαι καὶ αἱ δύο λυχνίαι αἱ ἐνώπιον τοῦ κυρίου
τῆς γῆς ἑστῶτες.

이들은 땅의 주 앞에 서 있는 두 올리브나무이며 두 등잔대다.

11:5

καὶ εἴ τις αὐτοὺς θέλει ἀδικῆσαι πῦρ ἐκπορεύεται ἐκ τοῦ στόματος
αὐτῶν καὶ κατεσθίει τοὺς ἐχθροὺς αὐτῶν· καὶ εἴ τις θελήσῃ αὐτοὺς
ἀδικῆσαι, οὕτως δεῖ αὐτὸν ἀποκτανθῆναι.

그리고 만약 누가 그들을 해치려 하면 불이 그들의 입에서 나와서 원수들
을 삼킬 것이다. 그리고 만약 누가 그들을 해치려 하면 이와 같이 그는
반드시 죽임을 당할 것이다.

11:6

οὗτοι ἔχουσιν τὴν ἐξουσίαν κλεῖσαι τὸν οὐρανόν, ἵνα μὴ ὑετὸς
βρέχῃ τὰς ἡμέρας τῆς προφητείας αὐτῶν, καὶ ἐξουσίαν ἔχουσιν ἐπὶ
τῶν ὑδάτων στρέφειν αὐτὰ εἰς αἷμα καὶ πατάξαι τὴν γῆν ἐν πάσῃ πληγῇ
ὁσάκις ἐὰν θελήσωσιν.

이들은 하늘을 닫는 권세를 가지고 그들의 예언의 날 동안 비가 내리지 못하게 할 것이다. 그리고 그들은 물을 다스리는 권세를 가지고 물을 피로 바꾸고, 그들이 원하는 대로 모든 재앙으로 땅을 칠 권세를 가지고 있다.

11:7

Καὶ ὅταν τελέσωσιν τὴν μαρτυρίαν αὐτῶν, τὸ θηρίον τὸ ἀναβαῖνον ἐκ τῆς ἀβύσσου ποιήσει μετ᾽ αὐτῶν πόλεμον καὶ νικήσει αὐτοὺς καὶ ἀποκτενεῖ αὐτούς.

그리고 그들이 그들의 예언을 마쳤을 때 무저갱에서 올라온 짐승이 그들과 전쟁하여 그들을 이기고 그들을 죽일 것이다.

11:8

καὶ τὸ πτῶμα αὐτῶν ἐπὶ τῆς πλατείας τῆς πόλεως τῆς μεγάλης, ἥτις καλεῖται πνευματικῶς Σόδομα καὶ Αἴγυπτος, ὅπου καὶ ὁ κύριος αὐτῶν ἐσταυρώθη.

그들의 시체는 소돔 혹은 에집트라 불리는 큰 도시의 거리에 있을 것인데, 거기서 그들의 주님도 십자가에 못 박히셨다.

11:9

καὶ βλέπουσιν ἐκ τῶν λαῶν καὶ φυλῶν καὶ γλωσσῶν καὶ ἐθνῶν τὸ πτῶμα αὐτῶν ἡμέρας τρεῖς καὶ ἥμισυ καὶ τὰ πτώματα αὐτῶν οὐκ ἀφίουσιν τεθῆναι εἰς μνῆμα.

그리고 백성들과 족속들과 언어들과 민족들에서 나온 사람들이 그들의 시체를 3일 반 동안 볼 것이다. 그리고 그들의 시체는 무덤에 매장되는 것이 허락되지 않을 것이다.

11:10

καὶ οἱ κατοικοῦντες ἐπὶ τῆς γῆς χαίρουσιν ἐπ᾽ αὐτοῖς καὶ εὐφραίνονται καὶ δῶρα πέμψουσιν ἀλλήλοις, ὅτι οὗτοι οἱ δύο προφῆται ἐβασάνισαν τοὺς κατοικοῦντας ἐπὶ τῆς γῆς.

그리고 땅에 거주하는 자들은 그들에 대해 기뻐하며 서로에게 선물들을 보낼 것이다. 왜냐하면 이들 두 선지자가 땅에 거주하는 자들을 괴롭혔기 때문이다."

11:11

Καὶ μετὰ τὰς τρεῖς ἡμέρας καὶ ἥμισυ πνεῦμα ζωῆς ἐκ τοῦ θεοῦ εἰσῆλθεν ἐν αὐτοῖς, καὶ ἔστησαν ἐπὶ τοὺς πόδας αὐτῶν, καὶ φόβος μέγας ἐπέπεσεν ἐπὶ τοὺς θεωροῦντας αὐτούς.

그리고 3일 반 후에 하나님에게서 생명의 숨결이 나와서 그들 속에 들어 갔다. 그리고 그들은 자기들의 발로 섰다. 그러자 큰 두려움이 그들을 보는 자들 위에 떨어졌다.

11:12

καὶ ἤκουσαν φωνῆς μεγάλης ἐκ τοῦ οὐρανοῦ λεγούσης αὐτοῖς· ἀνάβατε ὧδε. καὶ ἀνέβησαν εἰς τὸν οὐρανὸν ἐν τῇ νεφέλῃ, καὶ ἐθεώρησαν αὐτοὺς οἱ ἐχθροὶ αὐτῶν.

그리고 그들은 하늘로부터 그들에게 말하는 큰 소리를 들었다.

"여기로 올라오라."

그러자 그들은 구름 속에서 하늘로 올라갔다. 그리고 그들의 원수들이 그들을 보았다.

11:13

Καὶ ἐν ἐκείνῃ τῇ ὥρᾳ ἐγένετο σεισμὸς μέγας καὶ τὸ δέκατον τῆς πόλεως ἔπεσεν καὶ ἀπεκτάνθησαν ἐν τῷ σεισμῷ ὀνόματα ἀνθρώπων χιλιάδες ἑπτὰ καὶ οἱ λοιποὶ ἔμφοβοι ἐγένοντο καὶ ἔδωκαν δόξαν τῷ θεῷ τοῦ οὐρανοῦ.

그리고 저 시간에 큰 지진이 일어나 그 도시의 10분의 1이 무너지고, 지진 으로 7,000명의 사람이 죽임을 당했다. 그리고 나머지 사람들은 두려워 하며 하늘의 하나님께 영광을 드렸다.

11:14

Ἡ οὐαὶ ἡ δευτέρα ἀπῆλθεν· ἰδοὺ ἡ οὐαὶ ἡ τρίτη ἔρχεται ταχύ.

두 번째 화가 지나갔다. 보라, 세 번째 화가 속히 오고 있다.

예수 그리스도를 살해한 예루살렘은 소돔 혹은 에집트라는 수치스러운 이름으로 불리며 42개월 동안 이방인들에게 짓밟힌다. 이때 하나님 앞에 서 있는 두 증인이 큰 권세를 가지고 1,260일 동안 예언하다가 무저갱에서 올라온 짐승에게 살해당하고 그들의 시체는 거리에 방치된다. 그러자 지구상의 모든 사람이 기뻐하며 서로 선물을 주고받는다. 그것은 두 증인의 예언의 말씀이 그들을 괴롭혔기 때문이다. 그러나 두 증인은 3일 반 후에 하나님에게서 나오는 생명의 숨결인 성령을 공급받고 살아나 원수들이 보는 가운데 하늘로 올라간다. 그때 큰 지진이 일어나 예루살렘의 10분의 1이 무너지고 7,000명의 사람이 죽는다. 그러자 나머지 예루살렘 시민들이 하나님을 두려워하며 찬양한다.

여기서 이방인들에게 짓밟히는 거룩한 도시는 땅에 있는 예루살렘이다. 하나님 앞에 서 있는 두 올리브나무와 두 등잔대는 충성스러운 교회의 표상으로서 하늘에 있는 새예루살렘이다. 42개월과 1,260일은 똑같이 3년 6개월인데, 이것은 일시적이며 제한된 기간이다. 무저갱은 하나님께 불순종하여 자기의 위치에서 이탈한 천사들이 갇혀 있는 바닥이 없는 깊은 흑암의 세계다. 무저갱에서 올라온 짐승은 사탄의 하수인이고, 아직 사탄은 자신의 실체를 드러내지 않고 있다. 사탄의 세력은 세상에서 사망의 권세를 가지고 왕 노릇하지만, 그것은 영원한 왕권이 아니다. 그리스도의 몸인 교회는 예언의 말씀 때문에 모든 인류에게 미움을 받는다. 그것은 교회가 예수 그리스도의 십자가와 세상의 종말과 하나님의 의의 심판을 선포하기 때문이다. 세상은 십자가 복음을 아주 싫어하고 그것에 대하여 견딜 수 없는 적개심을 가지고 있다. 교회는 세상에서 고난을 받고 패배하지만 성령의 능력으로 부활하여 최후의 승리자가 된다. 그때 예루살렘의 남은 자들이 두려워하며 하나님을 찬양하는 것은, 이스라엘 백성이 모두 불순종과 반역으로 멸망당하지 않고, 회개하고 하나님께 돌아오는 남은 자들이 있다는 종말론적 구원의 희망이다.

성전이 열리다

계 11:15-19

11:15

Καὶ ὁ ἕβδομος ἄγγελος ἐσάλπισεν· καὶ ἐγένοντο φωναὶ μεγάλαι ἐν τῷ οὐρανῷ λέγοντες·

ἐγένετο ἡ βασιλεία τοῦ κόσμου τοῦ κυρίου ἡμῶν καὶ τοῦ χριστοῦ αὐτοῦ, καὶ βασιλεύσει εἰς τοὺς αἰῶνας τῶν αἰώνων.

그리고 일곱 번째 천사가 나팔을 불었다. 그러자 하늘에서 큰 음성이 일어나며 말했다.

"우리 주님과 그의 그리스도의 세계의 나라가 이루어졌다. 그리고 그가 세세 무궁토록 다스릴 것이다."

11:16

Καὶ οἱ εἴκοσι τέσσαρες πρεσβύτεροι ̔οἱ ἐνώπιον τοῦ θεοῦ καθήμενοι ἐπὶ τοὺς θρόνους αὐτῶν ἔπεσαν ἐπὶ τὰ πρόσωπα αὐτῶν καὶ προσεκύνησαν τῷ θεῷ

그러자 하나님 앞에서 자기들의 보좌에 앉아 있는 24 장로가 그들의 얼굴을 대고 엎드려 하나님을 경배하며

11:17

λέγοντες·

εὐχαριστοῦμέν σοι, κύριε ὁ θεὸς ὁ παντοκράτωρ, ὁ ὢν καὶ ὁ ἦν, ὅτι εἴληφας τὴν δύναμίν σου τὴν μεγάλην καὶ ἐβασίλευσας.

말했다.

"주 하나님, 전능자, 지금 계시고 전에도 계셨던 분이여, 우리가 당신께 감사드리나이다. 이는 당신께서 당신의 큰 능력을 가지고 다스리셨기 때문입니다.

11:18

καὶ τὰ ἔθνη ὠργίσθησαν, καὶ ἦλθεν ἡ ὀργή σου καὶ ὁ καιρὸς τῶν νεκρῶν κριθῆναι

καὶ δοῦναι τὸν μισθὸν τοῖς δούλοις σου τοῖς προφήταις καὶ τοῖς ἁγίοις καὶ τοῖς φοβουμένοις τὸ ὄνομά σου, τοὺς μικροὺς καὶ τοὺς μεγάλους, καὶ διαφθεῖραι τοὺς διαφθείροντας τὴν γῆν.

그리고 민족들은 분노했습니다. 그러나 당신의 진노가 왔으니, 곧 죽은 자들이 심판을 받으며, 작은 자들이나 큰 자들이나 당신의 종들인 예언자들과 성도들과 당신의 이름을 경외하는 자들에게는 상을 주시고, 땅을 파괴하는 자들을 파괴하실 때가 왔나이다."

11:19

Καὶ ἠνοίγη ὁ ναὸς τοῦ θεοῦ ὁ ἐν τῷ οὐρανῷ καὶ ὤφθη ἡ κιβωτὸς τῆς διαθήκης αὐτοῦ ἐν τῷ ναῷ αὐτοῦ, καὶ ἐγένοντο ἀστραπαὶ καὶ φωναὶ καὶ βρονταὶ καὶ σεισμὸς καὶ χάλαζα μεγάλη.

그러자 하늘에 있는 하나님의 성전이 열리고 그의 성전에 있는 계약의 상자가 보였다. 그리고 번개들과 음성들과 천둥들과 지진과 큰 우박이 일어났다.

일곱 번째 천사가 나팔을 불자 하늘에 있는 천사들이 예수 그리스
도의 통치가 시작되었음을 선포하며 기뻐한다. 그리고 24 장로들은
하나님의 영광의 보좌 앞에 엎드려 경배하면서, 세상의 왕들이 분노
하며 예수 그리스도의 나라에 저항하지만 마침내 하나님의 진노가
나타나 땅에 있는 모든 자를 심판할 것이라고 외친다. 그러자 하늘에
있는 성전인 하나님의 영광의 본체가 열리며, 하나님의 종말론적 구
원의 약속인 계약의 상자가 보이고 번개들과 음성들과 천둥들과 지진
과 큰 우박이 일어나는 장엄한 광경이 펼쳐진다. 그것은 하나님의
사랑의 성실성을 확인시켜 주는 거룩한 응답으로서 하나님의 말씀이
신 예수 그리스도와 하나님의 영광의 본질이신 성령의 임재를 가리킨
다. 드디어 영원한 비밀 속에 숨겨져 있던 성 삼위일체 하나님의 영광
의 실체가 계시되고 그와 함께 세상의 종말과 하나님의 심판의 날이
임박한다.

교회의 권세와 영광

계 12:1-18

12:1

Καὶ σημεῖον μέγα ὤφθη ἐν τῷ οὐρανῷ, γυνὴ περιβεβλημένη τὸν ἥλιον, καὶ ἡ σελήνη ὑποκάτω τῶν ποδῶν αὐτῆς καὶ ἐπὶ τῆς κεφαλῆς αὐτῆς στέφανος ἀστέρων δώδεκα,

그리고 하늘에 큰 표적이 보였으니 태양을 입은 여자로다. 그녀의 발 아래에는 달이 있고, 그녀의 머리에는 열두 별의 면류관이 있다.

12:2

καὶ ἐν γαστρὶ ἔχουσα, καὶ κράζει ὠδίνουσα καὶ βασανιζομένη τεκεῖν.

그리고 그녀는 임신하고 있다. 그리고 그녀는 해산의 진통을 하며 출산하기 위해 괴로워하며 부르짖고 있다.

12:3

καὶ ὤφθη ἄλλο σημεῖον ἐν τῷ οὐρανῷ, καὶ ἰδοὺ δράκων μέγας πυρρὸς ἔχων κεφαλὰς ἑπτὰ καὶ κέρατα δέκα καὶ ἐπὶ τὰς κεφαλὰς αὐτοῦ ἑπτὰ διαδήματα,

그리고 하늘에 다른 표적이 보였다. 그리고 보라, 일곱 개의 머리와 열 개의 뿔과 머리들에 일곱 개의 왕관을 쓰고 있는 커다란 붉은 용이다.

12:4

καὶ ἡ οὐρὰ αὐτοῦ σύρει τὸ τρίτον τῶν ἀστέρων τοῦ οὐρανοῦ καὶ ἔβαλεν αὐτοὺς εἰς τὴν γῆν. Καὶ ὁ δράκων ἔστηκεν ἐνώπιον τῆς γυναικὸς τῆς μελλούσης τεκεῖν, ἵνα ὅταν τέκῃ τὸ τέκνον αὐτῆς καταφάγῃ.

그리고 그의 꼬리가 하늘의 별들의 3분의 1을 끌어당겨 그것들을 땅에 던졌다. 그리고 용은 출산하려는 여자 앞에 서 있었는데, 이는 여자가 그녀의 아이를 낳으면 삼키려는 것이었다.

12:5

καὶ ἔτεκεν υἱὸν ἄρσεν, ὃς μέλλει ποιμαίνειν πάντα τὰ ἔθνη ἐν ῥάβδῳ σιδηρᾷ. καὶ ἡρπάσθη τὸ τέκνον αὐτῆς πρὸς τὸν θεὸν καὶ πρὸς τὸν θρόνον αὐτοῦ.

그리고 그녀는 아들, 곧 남자를 낳았는데, 그는 장차 쇠지팡이로 모든 민족을 다스릴 것이다. 그리고 그녀의 아이는 하나님을 향하여 그리고 자기의 보좌를 향하여 이끌려졌다.

12:6

καὶ ἡ γυνὴ ἔφυγεν εἰς τὴν ἔρημον, ὅπου ἔχει ἐκεῖ τόπον ἡτοιμασμένον ἀπὸ τοῦ θεοῦ, ἵνα ἐκεῖ τρέφωσιν αὐτὴν ἡμέρας χιλίας διακοσίας ἑξήκοντα.

그리고 여자는 광야로 도망쳤다. 그리고 거기에는 하나님에 의해 준비된 장소가 있는데, 이는 천사들이 거기서 1,260일 동안 그녀를 양육하기 위함이다.

12:7

Καὶ ἐγένετο πόλεμος ἐν τῷ οὐρανῷ, ὁ Μιχαὴλ καὶ οἱ ἄγγελοι αὐτοῦ τοῦ πολεμῆσαι μετὰ τοῦ δράκοντος. καὶ ὁ δράκων ἐπολέμησεν καὶ οἱ ἄγγελοι αὐτοῦ,

그리고 하늘에서 전쟁이 일어났으니, 곧 미카엘과 그의 천사들이 용과 함께 전쟁하는 것이다. 그리고 용과 그의 천사들이 전쟁했다.

12:8

καὶ οὐκ ἴσχυσεν οὐδὲ τόπος εὑρέθη αὐτῶν ἔτι ἐν τῷ οὐρανῷ.

그리고 그는 이기지도 못했고, 더 이상 하늘에서 그들의 장소가 발견되지 도 않았다.

12:9

καὶ ἐβλήθη ὁ δράκων ὁ μέγας, ὁ ὄφις ὁ ἀρχαῖος, ὁ καλούμενος Διάβολος καὶ ὁ Σατανᾶς, ὁ πλανῶν τὴν οἰκουμένην ὅλην, ἐβλήθη εἰς τὴν γῆν, καὶ οἱ ἄγγελοι αὐτοῦ μετ᾽ αὐτοῦ ἐβλήθησαν.

그리고 큰 용, 오래된 뱀, 마귀와 사탄으로 불리는 자, 온 세상을 미혹하는 자가 땅에 던져졌다. 그리고 그의 천사들도 그와 함께 던져졌다.

12:10

καὶ ἤκουσα φωνὴν μεγάλην ἐν τῷ οὐρανῷ λέγουσαν·
ἄρτι ἐγένετο ἡ σωτηρία καὶ ἡ δύναμις καὶ ἡ βασιλεία τοῦ θεοῦ ἡμῶν

καὶ ἡ ἐξουσία τοῦ χριστοῦ αὐτοῦ, ὅτι ἐβλήθη ὁ κατήγωρ τῶν ἀδελφῶν ἡμῶν, ὁ κατηγορῶν αὐτοὺς ἐνώπιον τοῦ θεοῦ ἡμῶν ἡμέρας καὶ νυκτός.

그리고 나는 하늘에서 말하는 큰 음성을 들었다.

"이제 하나님의 구원과 능력과 나라와 그의 그리스도의 권세가 이루어졌다. 이는 우리 형제들을 고발하는 자, 곧 우리 하나님 앞에서 밤낮으로 고발하는 자가 쫓겨났기 때문이다.

12:11

καὶ αὐτοὶ ἐνίκησαν αὐτὸν διὰ τὸ αἷμα τοῦ ἀρνίου καὶ διὰ τὸν λόγον τῆς μαρτυρίας αὐτῶν καὶ οὐκ ἠγάπησαν τὴν ψυχὴν αὐτῶν ἄχρι θανάτου.

그리고 그들은 어린양의 피 때문에 그리고 그들의 증거의 말씀 때문에 그를 이겼다. 그리고 그들은 죽기까지 자기들의 목숨을 아끼지 않았다.

12:12

διὰ τοῦτο εὐφραίνεσθε, οἱ οὐρανοὶ καὶ οἱ ἐν αὐτοῖς σκηνοῦντες. οὐαὶ τὴν γῆν καὶ τὴν θάλασσαν, ὅτι κατέβη ὁ διάβολος πρὸς ὑμᾶς ἔχων θυμὸν μέγαν, εἰδὼς ὅτι ὀλίγον καιρὸν ἔχει.

이러므로 하늘들과 그 안에 거주하는 자들아, 즐거워하라. 땅과 바다는 화가 있으리라. 이는 용이 때가 적은 것을 알고 큰 분노를 가지고 너희를 향하여 내려갔기 때문이다."

12:13

Καὶ ὅτε εἶδεν ὁ δράκων ὅτι ἐβλήθη εἰς τὴν γῆν, ἐδίωξεν τὴν γυναῖκα ἥτις ἔτεκεν τὸν ἄρσενα.

그리고 용은 자기가 땅으로 던져진 것을 보았을 때, 남자를 낳은 그 여자를 핍박했다.

12:14

καὶ ἐδόθησαν τῇ γυναικὶ αἱ δύο πτέρυγες τοῦ ἀετοῦ τοῦ μεγάλου, ἵνα πέτηται εἰς τὴν ἔρημον εἰς τὸν τόπον αὐτῆς, ὅπου τρέφεται ἐκεῖ καιρὸν καὶ καιροὺς καὶ ἥμισυ καιροῦ ἀπὸ προσώπου τοῦ ὄφεως.

그리고 그녀에게 큰 독수리의 두 날개가 주어졌는데, 이는 광야에 있는 그녀의 장소로 날아가 거기서 뱀의 얼굴을 피해 한 때와 두 때와 절반 동안 양육을 받기 위함이다.

12:15

καὶ ἔβαλεν ὁ ὄφις ἐκ τοῦ στόματος αὐτοῦ ὀπίσω τῆς γυναικὸς ὕδωρ ὡς ποταμόν, ἵνα αὐτὴν ποταμοφόρητον ποιήσῃ.

그러자 용은 그녀를 강물에 빠지게 만들기 위해 그의 입으로부터 강 같은 물을 그녀의 뒤에서 던졌다.

12:16

καὶ ἐβοήθησεν ἡ γῆ τῇ γυναικὶ καὶ ἤνοιξεν ἡ γῆ τὸ στόμα αὐτῆς καὶ κατέπιεν τὸν ποταμὸν ὃν ἔβαλεν ὁ δράκων ἐκ τοῦ στόματος αὐτοῦ.

그러나 땅이 그 여자를 도와주었다. 그리고 땅이 자기의 입을 열어서 용이 그의 입으로부터 던진 강물을 삼켰다.

12:17

καὶ ὠργίσθη ὁ δράκων ἐπὶ τῇ γυναικὶ καὶ ἀπῆλθεν ποιῆσαι πόλεμον

μετὰ τῶν λοιπῶν τοῦ σπέρματος αὐτῆς τῶν τηρούντων τὰς ἐντολὰς τοῦ

θεοῦ καὶ ἐχόντων τὴν μαρτυρίαν Ἰησοῦ.

그러자 용은 그 여자에게 화를 내며 그녀의 자손 중 나머지 사람들, 곧

하나님의 계명을 지키고 예수의 증거를 가지고 있는 자들과 전쟁하기

위해 떠났다.

12:18

Καὶ ἐστάθη ἐπὶ τὴν ἄμμον τῆς θαλάσσης.

그리고 바다의 모래 위에 서 있었다.

해설

열두 별의 면류관을 쓰고 해를 입고 달을 밟고 있는 여자는 우주적 권세를 가지고 있는 영광스러운 교회다. 이 여자의 아들로 태어난 예수 그리스도는 자신의 피로 구속의 일을 마치고 하늘에 있는 하나님의 보좌로 올라간다. 그러자 하늘에서 미카엘의 군대와 사탄의 군대 사이에 전쟁이 일어난다. 그러나 어린양 예수 그리스도의 피와 그를 증거하는 말씀으로 무장한 미카엘의 군대가 최종적인 승리를 거두고 사탄은 하늘에서 쫓겨난다. 이는 어린양 예수 그리스도의 피가 율법의 의를 완성하여 더 이상 사탄이 하늘에서 활동할 근거가 없어졌기 때문이다. 하늘에서 쫓겨나 땅으로 내던져진 사탄은 자기의 때가 얼마 남지 않았다는 것을 알고 여자의 남은 후손들을 쫓아다니며 괴롭힌다. 그러나 여자의 후손들은 하나님께로부터 독수리 같은 큰 믿음의 날개를 받아 광야로 도망쳐 거기서 3년 6개월 동안 하나님의 돌보심을 받는다.

예수 그리스도를 잉태하여 출산한 여자는 하나님 나라의 명예와 영광을 가지고 있는 이스라엘 신앙 공동체다. 그리고 남은 소수 사람이 핍박을 피하기 위해 광야로 도망쳐 고난 중에 믿음을 지켜나가는데, 여기서도 남은 자들(λοιποί)과 3년 6개월(한 때와 두 때와 절반)이라는 정해진 고난의 기간이 나온다. 사탄은 커다란 붉은 용, 오래된 뱀, 온 세상을 미혹하는 자, 하나님의 백성을 참소하는 자 — 마귀인데, 그는 일곱 개의 머리에 열 개의 뿔을 가지고 있는 허영심과 자기모순에 빠진 다중 인격자다. 그는 하나님의 천사들 중 3분의 1을 속임수로 유인하여 타락시킨 반역의 우두머리다. 그러나 그는 반역에 실패한 후 여자의 후손인 예수 그리스도의 교회와 대결하기 위해 바다의 모래 위에 서 있다. 이로써 예수 그리스도의 교회와 사탄의 세력 사이에는 최후의 일전이 기다리고 있다. 여기에서 바로 우리의 믿음과 인내와 충성이 요구된다.

가짜 삼위일체와 사기꾼들

계 13:1-18

13:1

Καὶ εἶδον ἐκ τῆς θαλάσσης θηρίον ἀναβαῖνον, ἔχον κέρατα δέκα καὶ κεφαλὰς ἑπτὰ καὶ ἐπὶ τῶν κεράτων αὐτοῦ δέκα διαδήματα καὶ ἐπὶ τὰς κεφαλὰς αὐτοῦ ὀνόμᾰτᾰ βλασφημίας.

그리고 나는 바다에서 짐승이 올라오는 것을 보았는데, 그것은 열 개의 뿔과 일곱 개의 머리를 가지고 있었고, 그것의 뿔들에는 열 개의 왕관이 있었고, 그것의 머리마다 비방의 이름들이 있었다.

13:2

καὶ τὸ θηρίον ὃ εἶδον ἦν ὅμοιον παρδάλει καὶ οἱ πόδες αὐτοῦ ὡς ἄρκου καὶ τὸ στόμα αὐτοῦ ὡς στόμα λέοντος. καὶ ἔδωκεν αὐτῷ ὁ δράκων τὴν δύναμιν αὐτοῦ καὶ τὸν θρόνον αὐτοῦ καὶ ἐξουσίαν μεγάλην.

그리고 내가 본 짐승은 표범 같고 그것의 발들은 곰 같고 그것의 입은 사자의 입 같았다. 그리고 용은 그것에게 자기의 능력과 자기의 보좌와 큰 권세를 주었다.

13:3

καὶ μίαν ἐκ τῶν κεφαλῶν αὐτοῦ ὡς ἐσφαγμένην εἰς θάνατον, καὶ
ἡ πληγὴ τοῦ θανάτου αὐτοῦ ἐθεραπεύθη. Καὶ ἐθαυμάσθη ὅλη ἡ γῆ
ὀπίσω τοῦ θηρίου

그리고 그것의 머리 가운데 하나가 살해되어 죽게 되었는데, 그것의 죽음
의 상처가 치유되었다. 그러자 온 땅이 놀라 짐승의 뒤를 따르며

13:4

καὶ προσεκύνησαν τῷ δράκοντι, ὅτι ἔδωκεν τὴν ἐξουσίαν τῷ θηρίῳ,
καὶ προσεκύνησαν τῷ θηρίῳ λέγοντες· τίς ὅμοιος τῷ θηρίῳ καὶ τίς
δύναται πολεμῆσαι μετ᾽ αὐτοῦ;

용에게 경배했다. 이는 그가 짐승에게 권세를 주었기 때문이다. 그리고
그들은 짐승에게 경배하며 말했다. "누가 짐승과 같으며 누가 그것과
더불어 전쟁할 수 있으랴?"

13:5

Καὶ ἐδόθη αὐτῷ στόμα λαλοῦν μεγάλα καὶ βλασφημίας καὶ ἐδόθη
αὐτῷ ἐξουσία ποιῆσαι μῆνας τεσσεράκοντα καὶ δύο.

그리고 그것에게 거창한 것들과 비방하는 것들을 이야기하는 입이 주어
졌다. 그리고 그것에게 42개월 동안 행할 권세가 주어졌다.

13:6

καὶ ἤνοιξεν τὸ στόμα αὐτοῦ εἰς βλασφημίας πρὸς τὸν θεὸν
βλασφημῆσαι τὸ ὄνομα αὐτοῦ καὶ τὴν σκηνὴν αὐτοῦ, τοὺς ἐν τῷ

οὐρανῷ σκηνοῦντας.

그리고 짐승이 하나님을 향하여 비방하기 위해 입을 열어 하나님의 이름과 그의 장막, 곧 하늘에 거주하는 자들을 비방했다.

13:7

καὶ ἐδόθη αὐτῷ ποιῆσαι πόλεμον μετὰ τῶν ἁγίων καὶ νικῆσαι αὐτούς, καὶ ἐδόθη αὐτῷ ἐξουσία ἐπὶ πᾶσαν φυλὴν καὶ λαὸν καὶ γλῶσσαν καὶ ἔθνος.

그리고 그것에게는 성도들과 전쟁을 행하여 그들을 이길 권세가 주어졌다. 그리고 그것에게는 모든 족속과 백성과 언어를 지배하는 권세가 주어졌다.

13:8

καὶ προσκυνήσουσιν αὐτὸν πάντες οἱ κατοικοῦντες ἐπὶ τῆς γῆς, οὗ οὐ γέγραπται τὸ ὄνομα αὐτοῦ ἐν τῷ βιβλίῳ τῆς ζωῆς τοῦ ἀρνίου τοῦ ἐσφαγμένου ἀπὸ καταβολῆς κόσμου.

그러자 땅에 거주하는 모든 자, 곧 창세로부터 죽임당한 어린양의 생명의 책에 그것의 이름이 기록되어 있지 않은 자들이 그것에게 경배했다.

13:9

Εἴ τις ἔχει οὖς ἀκουσάτω.

만약 누가 귀를 가지고 있으면 들으라.

13:10

εἴ τις εἰς αἰχμαλωσίαν, εἰς αἰχμαλωσίαν ὑπάγει· εἴ τις ἐν μαχαίρῃ ἀποκτανθῆναι αὐτὸν ἐν μαχαίρῃ ἀποκτανθῆναι.

Ὧδέ ἐστιν ἡ ὑπομονὴ καὶ ἡ πίστις τῶν ἁγίων.

만약 누가 사로잡힐 것이면, 그는 사로잡힐 것이다. 만약 누가 칼에 죽임 당할 것이면, 그는 칼에 죽임당할 것이다.

여기에 성도들의 인내와 믿음이 있다.

13:11

Καὶ εἶδον ἄλλο θηρίον ἀναβαῖνον ἐκ τῆς γῆς, καὶ εἶχεν κέρατα δύο ὅμοια ἀρνίῳ καὶ ἐλάλει ὡς δράκων.

그리고 나는 다른 짐승이 땅에서 올라오는 것을 보았다. 그리고 그것은 어린양처럼 두 개의 뿔을 가지고 있었고, 용처럼 이야기하고 있었다.

13:12

καὶ τὴν ἐξουσίαν τοῦ πρώτου θηρίου πᾶσαν ποιεῖ ἐνώπιον αὐτοῦ, καὶ ποιεῖ τὴν γῆν καὶ τοὺς ἐν αὐτῇ κατοικοῦντας ἵνα προσκυνήσουσιν τὸ θηρίον τὸ πρῶτον, οὗ ἐθεραπεύθη ἡ πληγὴ τοῦ θανάτου αὐτοῦ.

그리고 그것은 첫 번째 짐승의 모든 권세를 그의 앞에서 행하여 땅과 그 안에 거주하는 모든 자로 하여금 사망의 상처가 치유된 첫 번째 짐승에게 경배하게 했다.

13:13

καὶ ποιεῖ σημεῖα μεγάλα, ἵνα καὶ πῦρ ποιῇ ἐκ τοῦ οὐρανοῦ

καταβαίνειν εἰς τὴν γῆν ἐνώπιον τῶν ἀνθρώπων,

그리고 그것은 큰 표적들을 행하여 심지어 사람들 앞에서 불이 하늘에서 내려오게 했다.

13:14

καὶ πλανᾷ τοὺς κατοικοῦντας ἐπὶ τῆς γῆς διὰ τὰ σημεῖα ἃ ἐδόθη αὐτῷ ποιῆσαι ἐνώπιον τοῦ θηρίου, λέγων τοῖς κατοικοῦσιν ἐπὶ τῆς γῆς ποιῆσαι εἰκόνα τῷ θηρίῳ, ὃς ἔχει τὴν πληγὴν τῆς μαχαίρης καὶ ἔζησεν.

그리고 그것은 짐승 앞에서 행하도록 주어진 표적들 때문에 땅에 거주하는 자들을 미혹하며, 땅에 거주하는 자들에게 칼의 상처를 갖고도 살아난 짐승의 형상에게 경배하라고 말했다.

13:15

Καὶ ἐδόθη αὐτῷ δοῦναι πνεῦμα τῇ εἰκόνι τοῦ θηρίου, ἵνα καὶ λαλήσῃ ἡ εἰκὼν τοῦ θηρίου καὶ ποιήσῃ ἵνὰ ὅσοι ἐὰν μὴ προσκυνήσωσιν τῇ εἰκόνι τοῦ θηρίου ἀποκτανθῶσιν.

그리고 그것에게는 짐승의 형상에 숨을 주는 권세가 주어져서 짐승의 형상이 이야기하게 하고, 짐승의 형상에게 경배하지 않는 자들은 모두 죽임을 당하게 만들었다.

13:16

καὶ ποιεῖ πάντας, τοὺς μικροὺς καὶ τοὺς μεγάλους, καὶ τοὺς πλουσίους καὶ τοὺς πτωχούς, καὶ τοὺς ἐλευθέρους καὶ τοὺς δούλους, ἵνα δῶσιν αὐτοῖς χάραγμα ἐπὶ τῆς χειρὸς αὐτῶν τῆς δεξιᾶς ἢ ἐπὶ τὸ μέτωπον αὐτῶν

> 그리고 그것은 모든 사람, 곧 작은 자들과 큰 자들, 부자들과 가난한 자들, 자유인들과 노예들에게 그들의 오른손이나 그들의 이마에 표를 받게 하였다.

13:17

καὶ ἵνα μή τις δύνηται ἀγοράσαι ἢ πωλῆσαι εἰ μὴ ὁ ἔχων τὸ χάραγμα τὸ ὄνομα τοῦ θηρίου ἢ τὸν ἀριθμὸν τοῦ ὀνόματος αὐτοῦ.

> 그리고 표, 곧 짐승의 이름이나 짐승의 이름의 숫자를 가지고 있지 않으면 누구도 사거나 팔 수 없게 했다.

13:18

Ὧδε ἡ σοφία ἐστίν. ὁ ἔχων νοῦν ψηφισάτω τὸν ἀριθμὸν τοῦ θηρίου, ἀριθμὸς γὰρ ἀνθρώπου ἐστίν, καὶ ὁ ἀριθμὸς αὐτοῦ ἐξακόσιοι ἑξήκοντα ἕξ.

> 여기에 지혜가 있다. 생각을 가지고 있는 자는 짐승의 숫자를 세라. 참으로 그것은 사람의 숫자다. 그리고 짐승의 숫자는 666이다.

해설

　많은 사람이 666에 대하여 호기심을 가지고 여러 해석을 해 왔다. 그러나 대부분이 아전인수격으로 자기 맘에 들지 않는 인물을 악마화하는 데 이 숫자를 이용했다. 그가 로마제국의 네로 황제라는 설이 유력하다고 하나 그 숫자풀이를 보면 억지라는 생각이 든다. 어떤 이는 기독교를 잔인하게 핍박했던 도미티아누스 황제라고 이야기하기도 하고, 심지어 가톨릭에서는 마르틴 루터를 그 숫자가 지시하는 인물로 보기도 한다. 이렇게 바다에서 올라온 괴물을 역사적 실존 인물로 해석하는 것은 문제가 있다. 그보다는 어떤 악마적 국가 제도나 정치권력에 가깝다고 보는 것이 무난할 것이다. 그리고 그 국가 권력의 문제는 세상 끝 날까지 교회가 부딪히면서 상대해야 할 거대한 짐승 같은 존재라고 해야 할 것이다. 하나님 나라는 결국 인간 세계의 국가라는 괴물이 사라진 세상 아니겠는가!

　용과 두 짐승의 이야기를 읽을 때 웃음이 나오는 것은 이 사기꾼들이 하나님의 삼위일체 존재 양식을 흉내 내고 있기 때문이다. 성 삼위일체 진리의 하나님은 아가페 사랑의 교제 속에 한 본체를 이루고 계시는 세 인격체인데, 이 악당들이 그것을 흉내 내고 있다. 이들은 십자가에 죽기까지 충성한 아들에게 하늘과 땅의 모든 권세를 넘겨주시는 아버지의 사랑, 일곱 개의 뿔을 가지고 있는 도살 당한 어린양의 부활, 어린양 예수 그리스도를 증거하시고 영화롭게 하시는 성령을 모방하고 있다. 그것은 사탄이 스스로 얼마나 하나님의 영광을 부러

위하며 탐냈는지, 그가 얼마나 열등의식, 경쟁심, 패배 의식에 사로잡혀 있는 자인지 알 수 있게 하는 대목이다. 그는 하나님께서 주신 자기 존재의 본질에 충실하지 못하고, 항상 여기저기 기웃거리며 말을 지어내고 일을 만드는 비본질적인 존재의 원형이다. 그리하여 그는 많은 정보와 지식으로 세상을 농락하는 무시무시한 지혜와 능력의 소유자가 되었는데, 그의 영리함과 사악함은 인간의 이성의 차원을 초월한다. 그러므로 우리가 사탄을 이길 수 있는 유일한 길은 성경에 기록된 하나님의 말씀밖에 없다. 그에게 한 가지 없는 것이 있으니, 바로 하나님의 영광의 본질인 아가페 사랑이다. 어쩌면 사탄이란 하나님의 아가페 사랑을 제외하고는 모든 것을 차지한 영원한 아류일지도 모른다. 그는 지혜와 능력, 탁월함과 아름다움, 존귀와 영광으로 창조된 피조물이다. 원래 추락이란 탁월한 자에게 일어나는 일이 아니던가. 지극히 아름다운 것이 타락하면 지극히 추악해지는 것이니 아름다움과 추악함은 종이 한 장 차이다. 그것은 천국과 지옥, 생명과 죽음, 축복과 저주, 영광과 수치의 경우에도 마찬가지다. 이 세 악당이 세상을 미혹하기 위해 성 삼위일체 진리의 하나님의 존재 양식까지 모방하는 것을 보면, 이들이야말로 사기꾼들의 원조라 할 것이다. 666이란 거짓으로 하나님의 창조 질서를 교란하고 세상을 타락시키는 모든 사기꾼을 상징적으로 대표하는 숫자일 수도 있다. 그리고 666은 지금도 이 세상에서 열심히 활동하고 있는 어떤 역사적 실체일지 모른다.

첫 열매
— 144,000
계 14:1-5

14:1

Καὶ εἶδον, καὶ ἰδοὺ τὸ ἀρνίον ἑστὸς ἐπὶ τὸ ὄρος Σιὼν καὶ μετ᾽ αὐτοῦ ἑκατὸν τεσσεράκοντα τέσσαρες χιλιάδες ἔχουσαι τὸ ὄνομα αὐτοῦ καὶ τὸ ὄνομα τοῦ πατρὸς αὐτοῦ γεγραμμένον ἐπὶ τῶν μετώπων αὐτῶν.

그리고 나는 보았다. 그리고 보라, 시온산에 서 있는 어린양이로다. 그리고 그와 함께 자기의 이마에 기록되어 있는 그의 이름과 그의 아버지의 이름을 가지고 있는 144,000이로다.

14:2

καὶ ἤκουσα φωνὴν ἐκ τοῦ οὐρανοῦ ὡς φωνὴν ὑδάτων πολλῶν καὶ ὡς φωνὴν βροντῆς μεγάλης, καὶ ἡ φωνὴ ἣν ἤκουσα ὡς κιθαρῳδῶν κιθαριζόντων ἐν ταῖς κιθάραις αὐτῶν.

그리고 나는 하늘로부터 많은 물소리 같고, 큰 천둥소리 같은 음성을 들었다. 그리고 내가 들은 음성은 기타 연주자들이 그들의 기타를 연주하는 소리 같았다.

14:3

καὶ ᾄδουσιν ὡς ᾠδὴν καινὴν ἐνώπιον τοῦ θρόνου καὶ ἐνώπιον τῶν τεσσάρων ζῴων καὶ τῶν πρεσβυτέρων, καὶ οὐδεὶς ἐδύνατο μαθεῖν τὴν ᾠδὴν εἰ μὴ αἱ ἑκατὸν τεσσεράκοντα τέσσαρες χιλιάδες, οἱ ἠγορασμένοι ἀπὸ τῆς γῆς.

그리고 그들은 보좌 앞에서 그리고 네 생명체 앞에서 그리고 장로들 앞에서 새 노래를 불렀다. 그런데 144,000, 곧 땅에서 구속받은 자들 외에는 그 누구도 그 노래를 배울 수 없었다.

14:4

οὗτοί εἰσιν οἳ μετὰ γυναικῶν οὐκ ἐμολύνθησαν, παρθένοι γάρ εἰσιν, οὗτοι οἱ ἀκολουθοῦντες τῷ ἀρνίῳ ὅπου ἂν ὑπάγῃ. οὗτοι ἠγοράσθησαν ἀπὸ τῶν ἀνθρώπων ἀπαρχὴ τῷ θεῷ καὶ τῷ ἀρνίῳ,

이들은 여자들과 더불어 더럽혀지지 않은 자들이고, 참으로 순결한 자들이고, 어린양이 어디를 가든지 그를 따라다니는 자들이다. 그리고 이들은 땅에서 구속받아 하나님과 어린양에게 첫 열매가 된 자들이다.

14:5

καὶ ἐν τῷ στόματι αὐτῶν οὐχ εὑρέθη ψεῦδος, ἄμωμοί εἰσιν.

그리고 그들의 입에는 거짓말이 발견되지 않았으니 그들은 흠이 없는 자들이다.

해설

　요한계시록에서 성도들의 관심을 끄는 것은 144,000이라는 숫자다. 이 144,000은 하나님 나라의 장자권을 가지고 있는 이스라엘 신앙 공동체를 의미하는데, 그들은 세상에서 구속 받아 하나님과 어린양에게 온전히 바쳐진 거룩한 첫 열매다. 열두 별의 면류관을 쓰고 해를 입고 달을 밟고 우주 공간에 서 있는 아름다운 여자, 하나님의 아들을 잉태하고 출산하여 젖을 먹인 축복받은 여자, 하나님 앞에 서 있는 거룩한 올리브나무와 등잔대는 영광스러운 이스라엘 신앙 공동체를 가리키는 상징들이다. 이스라엘은 하나님 나라의 구원의 역사에 있어서 계시의 유일한 통로로 부름 받은 백성이다. 그들은 많은 고난 속에서 하나님의 약속의 말씀을 붙들고 믿음을 지켜 하나님 나라의 축복을 온 세상에 전달한 계시의 백성이다. 그러므로 그들은 마땅히 축복과 존경을 받아야 한다. 그들이 없었다면 예수 그리스도께서 세상에 오실 수도 없었고, 이방인들에게 구원의 기회도 없었기 때문이다. 예수 그리스도와 사도들과 초기 기독교 공동체의 증인들은 모두 유대인들이며 지구상의 모든 민족은 유대인들에게 큰 빚을 지고 있다. 지금도 하나님의 이스라엘은 많은 고난 속에서 믿음을 지키고 있는 종말론적 구원의 공동체다. 하나님과 어린양에게 온전한 첫 열매로 바쳐진 이스라엘의 숫자는 144,000인데, 이들은 이스라엘 열두 지파에 각각 12,000씩 배정되어 있다. 그들은 우주적 교회를 대표하는 자들로서 하나님 나라의 장자권을 가진 거룩한 백성이다.

땅의 추수

계 14:6-20

14:6

Καὶ εἶδον ἄλλον ἄγγελον πετόμενον ἐν μεσουρανήματι, ἔχοντα εὐαγγέλιον αἰώνιον εὐαγγελίσαι ἐπὶ τοὺς καθημένους ἐπὶ τῆς γῆς καὶ ἐπὶ πᾶν ἔθνος καὶ φυλὴν καὶ γλῶσσαν καὶ λαόν,

그리고 나는 공중에서 날고 있는 다른 천사를 보았는데, 그는 땅에 앉아 있는 자들과 모든 민족과 족속과 백성과 언어에 전할 영원한 복음을 가지고

14:7

λέγων ἐν φωνῇ μεγάλῃ·

φοβήθητε τὸν θεὸν καὶ δότε αὐτῷ δόξαν, ὅτι ἦλθεν ἡ ὥρα τῆς κρίσεως αὐτοῦ, καὶ προσκυνήσατε τῷ ποιήσαντι τὸν οὐρανὸν καὶ τὴν γῆν καὶ θάλασσαν καὶ πηγὰς ὑδάτων.

큰 소리로 말했다.

"하나님을 경배하며 그에게 영광을 드려라. 이는 그의 심판의 시간이 왔기 때문이다. 그리고 하늘과 땅과 바다와 물들의 샘을 만드신 분께 경배하라."

14:8

Καὶ ἄλλος ἄγγελος δεύτερος ἠκολούθησεν λέγων·

ἔπεσεν ἔπεσεν Βαβυλὼν ἡ μεγάλη ἣ ἐκ τοῦ οἴνου τοῦ θυμοῦ τῆς πορνείας αὐτῆς πεπότικεν πάντα τὰ ἔθνη.

그리고 다른 두 번째 천사가 따라가며 말했다.

"무너졌다. 자기의 음행의 열정의 포도주를 모든 민족에게 마시게 한 큰 도시 바빌론이 무너졌다."

14:9

Καὶ ἄλλος ἄγγελος τρίτος ἠκολούθησεν αὐτοῖς λέγων ἐν φωνῇ μεγάλῃ·

εἴ τις προσκυνεῖ τὸ θηρίον καὶ τὴν εἰκόνα αὐτοῦ καὶ λαμβάνει χάραγμα ἐπὶ τοῦ μετώπου αὐτοῦ ἢ ἐπὶ τὴν χεῖρα αὐτοῦ,

그리고 다른 세 번째 천사가 그들을 따라가며 큰 소리로 말했다.

"만약 누가 짐승과 그것의 형상에게 경배하거나 자기의 이마나 자기의 손에 표를 받으면,

14:10

καὶ αὐτὸς πίεται ἐκ τοῦ οἴνου τοῦ θυμοῦ τοῦ θεοῦ τοῦ κεκερασμένου ἀκράτου ἐν τῷ ποτηρίῳ τῆς ὀργῆς αὐτοῦ καὶ βασανισθήσεται ἐν πυρὶ καὶ θείῳ ἐνώπιον ἀγγέλων ἁγίων καὶ ἐνώπιον τοῦ ἀρνίου.

그 자신도 하나님의 분노의 잔에 있는 완전히 혼합된 하나님의 진노의 포도주를 마시고 거룩한 천사들과 어린양 앞에서 불과 유황으로 고문을 받을 것이다.

14:11

καὶ ὁ καπνὸς τοῦ βασανισμοῦ αὐτῶν εἰς αἰῶνας αἰώνων ἀναβαίνει, καὶ οὐκ ἔχουσιν ἀνάπαυσιν ἡμέρας καὶ νυκτὸς οἱ προσκυνοῦντες τὸ θηρίον καὶ τὴν εἰκόνα αὐτοῦ καὶ εἴ τις λαμβάνει τὸ χάραγμα τοῦ ὀνόματος αὐτοῦ.

그리고 그들의 고통의 연기가 세세토록 올라갈 것이다. 짐승과 그것의 형상에게 경배하는 자들과 누가 그것의 이름의 표를 받으면 그들은 밤낮으로 휴식을 얻지 못할 것이다.

14:12

Ὧδε ἡ ὑπομονὴ τῶν ἁγίων ἐστίν, οἱ τηροῦντες τὰς ἐντολὰς τοῦ θεοῦ καὶ τὴν πίστιν Ἰησοῦ.

여기에 성도들의 인내가 있으니, 곧 하나님의 계명들과 예수에 대한 믿음을 지키는 자들이다."

14:13

Καὶ ἤκουσα φωνῆς ἐκ τοῦ οὐρανοῦ λεγούσης· γράψον·

μακάριοι οἱ νεκροὶ οἱ ἐν κυρίῳ ἀποθνήσκοντες ἀπ᾽ ἄρτι. ναί, λέγει τὸ πνεῦμα, ἵνα ἀναπαήσονται ἐκ τῶν κόπων αὐτῶν, τὰ γὰρ ἔργα αὐτῶν ἀκολουθεῖ μετ᾽ αὐτῶν.

그리고 나는 하늘로부터 말하는 음성을 들었다.

"기록하라. 죽은 자들, 곧 지금부터 주 안에서 죽는 자들은 행복하다."

성령께서 말씀하신다.

"그렇다. 이는 그들이 자기들의 수고로부터 안식할 것이기 때문이다.

참으로 그들의 행위들이 그들과 함께 따라갈 것이다."

14:14

Καὶ εἶδον, καὶ ἰδοὺ νεφέλη λευκή, καὶ ἐπὶ τὴν νεφέλην καθήμενον ὅμοιον υἱὸν ἀνθρώπου, ἔχων ἐπὶ τῆς κεφαλῆς αὐτοῦ στέφανον χρυσοῦν καὶ ἐν τῇ χειρὶ αὐτοῦ δρέπανον ὀξύ.

그리고 나는 보았다. 그리고 보라, 흰 구름이다. 그리고 구름 위에 앉아 있는 사람의 아들 같은 자다. 그의 머리에는 금 면류관이 있고 그의 손에는 예리한 낫이 있었다.

14:15

καὶ ἄλλος ἄγγελος ἐξῆλθεν ἐκ τοῦ ναοῦ κράζων ἐν φωνῇ μεγάλῃ τῷ καθημένῳ ἐπὶ τῆς νεφέλης·

πέμψον τὸ δρέπανόν σου καὶ θέρισον, ὅτι ἦλθεν ἡ ὥρα θερίσαι, ὅτι ἐξηράνθη ὁ θερισμὸς τῆς γῆς.

그리고 다른 천사가 성전에서 나와 구름 위에 앉아 있는 자에게 큰 소리로 외쳤다.

"너의 낫을 던져서 추수하라. 이는 땅의 추수할 것이 말라서 추수할 시간 이 왔기 때문이다."

14:16

καὶ ἔβαλεν ὁ καθήμενος ἐπὶ τῆς νεφέλης τὸ δρέπανον αὐτοῦ ἐπὶ τὴν γῆν καὶ ἐθερίσθη ἡ γῆ.

그리고 구름 위에 앉아 있는 자가 자기의 낫을 땅에 던졌다. 그러자 땅이 추수되었다.

14:17

Καὶ ἄλλος ἄγγελος ἐξῆλθεν ἐκ τοῦ ναοῦ τοῦ ἐν τῷ οὐρανῷ ἔχων καὶ αὐτὸς δρέπανον ὀξύ.

그리고 다른 천사가 하늘에 있는 성전에서 나왔는데 그도 예리한 낫을 가지고 있었다.

14:18

καὶ ἄλλος ἄγγελος ἐξῆλθεν ἐκ τοῦ θυσιαστηρίου ὁ ἔχων ἐξουσίαν ἐπὶ τοῦ πυρός, καὶ ἐφώνησεν φωνῇ μεγάλῃ τῷ ἔχοντι τὸ δρέπανον τὸ ὀξὺ λέγων· πέμψον σου τὸ δρέπανον τὸ ὀξὺ καὶ τρύγησον τοὺς βότρυας τῆς ἀμπέλου τῆς γῆς, ὅτι ἤκμασαν αἱ σταφυλαὶ αὐτῆς.

그리고 제단으로부터 불을 다스리는 권세를 가진 다른 천사가 나와서 예리한 낫을 가진 자에게 큰 소리로 외치며 말했다.
"너의 예리한 낫을 땅에 보내어 땅의 포도나무의 포도송이들을 거두어들여라. 이는 그것의 포도송이들이 익었기 때문이다."

14:19

καὶ ἔβαλεν ὁ ἄγγελος τὸ δρέπανον αὐτοῦ εἰς τὴν γῆν καὶ ἐτρύγησεν τὴν ἄμπελον τῆς γῆς καὶ ἔβαλεν εἰς τὴν ληνὸν τοῦ θυμοῦ τοῦ θεοῦ τὸν μέγαν.

그러자 그 천사가 자기의 낫을 땅에 던져 땅의 포도나무를 거두어들여서 하나님의 진노의 큰 포도주 통에 던졌다.

14:20

καὶ ἐπατήθη ἡ ληνὸς ἔξωθεν τῆς πόλεως καὶ ἐξῆλθεν αἷμα ἐκ τῆς ληνοῦ ἄχρι τῶν χαλινῶν τῶν ἵππων ἀπὸ σταδίων χιλίων ἑξακοσίων.

그리고 포도주 통이 도시 밖에서 밟혔다. 그리고 포도주 통에서 피가 1,600스타디온(320km, 1스타디온=200m) 떨어진 말들의 고삐까지 나 갔다.

해설

땅에 거주하는 모든 자에게 영원한 복음이 전파되고, 드디어 하나님의 심판의 시간이 다가온다. 그리고 모든 민족에게 음행의 포도주를 마시게 한 바빌론이 무너지고, 짐승과 짐승의 형상을 섬겼던 자들은 하나님의 진노의 포도주를 마시고 불과 유황 속에 던져져 세세토록 고문을 받는다.

이후 하나님의 천사들이 나타나 예리한 낫을 땅에 던져 추수를 시작하는 가운데 알곡은 천국 창고로 모아들이고, 죄악의 포도송이들은 하나님의 진노의 포도주 통에 던져 넣는다. 거기서 포도송이들이 짓밟히는데, 하나님의 진노가 얼마나 강렬한지 피가 320km 떨어진 말의 고삐까지 날아간다. 드디어 어린양의 복수가 시작된 것이다.

하나님의 기타와 불 섞인 유리 바다와 성전의 연기

계 15:1-8

15:1

Καὶ εἶδον ἄλλο σημεῖον ἐν τῷ οὐρανῷ μέγα καὶ θαυμαστόν, ἀγγέλους ἑπτὰ ἔχοντας πληγὰς ἑπτὰ τὰς ἐσχάτας, ὅτι ἐν αὐταῖς ἐτελέσθη ὁ θυμὸς τοῦ θεοῦ.

그리고 나는 하늘에서 크고 놀라운 표적을 보았으니, 마지막 일곱 재앙을 가지고 있는 일곱 천사이다. 이것들로 하나님의 진노가 끝났다.

15:2

Καὶ εἶδον ὡς θάλασσαν ὑαλίνην μεμιγμένην πυρὶ καὶ τοὺς νικῶντας ἐκ τοῦ θηρίου καὶ ἐκ τῆς εἰκόνος αὐτοῦ καὶ ἐκ τοῦ ἀριθμοῦ τοῦ ὀνόματος αὐτοῦ ἑστῶτας ἐπὶ τὴν θάλασσαν τὴν ὑαλίνην ἔχοντας κιθάρας τοῦ θεοῦ.

그리고 나는 불 섞인 유리 바다 같은 것을 보았다. 그리고 짐승으로부터 그리고 그것의 형상으로부터 그리고 그것의 이름의 숫자로부터 승리한 자들이 하나님의 기타를 들고 유리 바다 위에 서 있는 것을 보았다.

15:3

καὶ ᾄδουσιν τὴν ᾠδὴν Μωϋσέως τοῦ δούλου τοῦ θεοῦ καὶ τὴν ᾠδὴν
τοῦ ἀρνίου λέγοντες·

μεγάλα καὶ θαυμαστὰ τὰ ἔργα σου, κύριε ὁ θεὸς ὁ παντοκράτωρ·
δίκαιαι καὶ ἀληθιναὶ αἱ ὁδοί σου, ὁ βασιλεὺς τῶν ἐθνῶν·

그리고 그들은 하나님의 종 모세의 노래와 어린양의 노래를 부르며 말했다.
"주 하나님 전능자여, 당신의 일들은 위대하고 놀랍습니다. 민족들의
왕이시여, 당신의 길들은 의롭고 진실합니다.

15:4

τίς οὐ μὴ φοβηθῇ, κύριε, καὶ δοξάσει τὸ ὄνομά σου; ὅτι μόνος ὅσιος,
ὅτι πάντα τὰ ἔθνη ἥξουσιν καὶ προσκυνήσουσιν ἐνώπιόν σου, ὅτι τὰ
δικαιώματά σου ἐφανερώθησαν.

주여, 누가 당신의 이름을 두려워하지 않으며 영화롭게 하지 않겠습니
까? 이는 당신 홀로 거룩하시고, 모든 민족이 와서 당신 앞에서 경배할
것이고, 당신의 의로운 행위들이 드러날 것이기 때문입니다."

15:5

Καὶ μετὰ ταῦτα εἶδον, καὶ ἠνοίγη ὁ ναὸς τῆς σκηνῆς τοῦ μαρτυρίου
ἐν τῷ οὐρανῷ,

그리고 나는 이 일들 후에 보았다. 그리고 하늘에 있는 증거의 장막의
성전이 열리고,

15:6

καὶ ἐξῆλθον οἱ ἑπτὰ ἄγγελοί οἱ ἔχοντες τὰς ἑπτὰ πληγὰς ἐκ τοῦ ναοῦ ἐνδεδυμένοι λίνον καθαρὸν λαμπρὸν καὶ περιεζωσμένοι περὶ τὰ στήθη ζώνας χρυσᾶς.

성전에서 일곱 재앙을 가지고 있는 일곱 천사가 깨끗하고 빛나는 세마포를 입고 가슴에는 금띠를 두르고 나왔다.

15:7

καὶ ἓν ἐκ τῶν τεσσάρων ζῴων ἔδωκεν τοῖς ἑπτὰ ἀγγέλοις ἑπτὰ φιάλας χρυσᾶς γεμούσας τοῦ θυμοῦ τοῦ θεοῦ τοῦ ζῶντος εἰς τοὺς αἰῶνας τῶν αἰώνων.

그리고 네 생명체들 중 하나가 일곱 천사에게 세세 무궁토록 살아계시는 하나님의 진노가 가득 찬 일곱 개의 금 대접을 주었다.

15:8

καὶ ἐγεμίσθη ὁ ναὸς καπνοῦ ἐκ τῆς δόξης τοῦ θεοῦ καὶ ἐκ τῆς δυνάμεως αὐτοῦ, καὶ οὐδεὶς ἐδύνατο εἰσελθεῖν εἰς τὸν ναὸν ἄχρι τελεσθῶσιν αἱ ἑπτὰ πληγαὶ τῶν ἑπτὰ ἀγγέλων.

그러자 성전은 하나님의 영광과 그의 능력으로부터 나온 연기로 채워졌다. 그리고 일곱 천사의 일곱 개의 재앙이 끝날 때까지 아무도 성전에 들어갈 수 없었다.

해설

    하나님의 보좌 앞에는 수정 같은 유리 바다가 있다. 그것은 하나님께서 온 우주의 움직임을 살피시는 스크린 같은 것으로 모든 피조물은 그 위에 발가벗겨진 상태로 세워진다. 그러나 만물의 실체가 드러나는 심판의 장소가 승리한 성도들에게는 하나님의 기타를 들고 하나님의 영광을 찬양하는 성령의 불바다로 변한다. 이것이 바로 어린양 예수 그리스도의 십자가 구속의 능력이다. 여기서 특이한 것은 "하나님의 기타"와 "불 섞인 유리 바다"라는 표현이다. 승리한 성도들이 하나님의 기타를 들고 찬양하는 것은 하나님의 위대하심과 기이하심, 하나님의 심판의 의로움과 진실함이다. 이 세상에는 많은 기타가 있다. 그러나 가장 축복받은 기타는 하나님을 찬양하는 데 쓰임 받는 기타다. 세상에는 많은 사람이 있다. 그러나 가장 축복받은 사람은 하나님을 위해 쓰임 받는 사람이다. 그러므로 하나님의 기타는 아버지의 영광을 위해 온전히 바쳐진 예수 그리스도의 몸이다. 그리고 어린양 예수 그리스도의 피가 있는 곳에 성령의 불이 임한다. 승리한 성도들이 하나님의 기타를 들고 성령의 불바다에서 하나님을 찬양한 뒤 하늘에 있는 증거의 장막이 열리고 하나님의 마지막 재앙을 들고 있는 일곱 천사가 성전에서 나온다. 그러자 성전은 하나님의 영광에서 나오는 연기로 가득 차 하나님의 심판이 끝날 때까지 아무도 거기에 들어갈 수 없게 된다. 이것은 세상을 향한 하나님의 심판의 강력한 의지를 표시하는 것이다. 이것은 또한 피와 불과 연기의 연합으로서 성 삼위일체 진리의 하나님의 자기 계시다. 하나님은 자신의 지혜와 능력으로 창조하신 피조 세계를 심판하심으로 새하늘과 새땅을 창조하신다.

깨끗하고 빛나는 세마포를 입고 가슴에는 금띠를 두르고 있는 천사들은 우리가 장차 입게 될 부활의 몸을 미리 보여주고 있다.

하르마게돈

계 16:1-21

16:1

Καὶ ἤκουσα μεγάλης φωνῆς ἐκ τοῦ ναοῦ λεγούσης τοῖς ἑπτὰ ἀγγέλοις·

ὑπάγετε καὶ ἐκχέετε τὰς ἑπτὰ φιάλας τοῦ θυμοῦ τοῦ θεοῦ εἰς τὴν γῆν.

그리고 나는 성전으로부터 일곱 천사에게 말하는 큰 음성을 들었다. "가서 하나님의 진노의 일곱 대접을 땅에 쏟아라."

16:2

Καὶ ἀπῆλθεν ὁ πρῶτος καὶ ἐξέχεεν τὴν φιάλην αὐτοῦ εἰς τὴν γῆν, καὶ ἐγένετο ἕλκος κακὸν καὶ πονηρὸν ἐπὶ τοὺς ἀνθρώπους τοὺς ἔχοντας τὸ χάραγμα τοῦ θηρίου καὶ τοὺς προσκυνοῦντας τῇ εἰκόνι αὐτοῦ.

그러자 첫 번째가 떠나가서 그의 대접을 땅에 쏟았다. 그러자 짐승의 표를 가지고 있는 사람들과 짐승의 형상에게 경배하는 자들에게 독하고 악한 종기가 생겼다.

16:3

Καὶ ὁ δεύτερος ἐξέχεεν τὴν φιάλην αὐτοῦ εἰς τὴν θάλασσαν, καὶ ἐγένετο αἷμα ὡς νεκροῦ, καὶ πᾶσα ψυχὴ ζωῆς ἀπέθανεν τὰ ἐν τῇ θαλάσσῃ.

그리고 두 번째가 그의 대접을 바다에 쏟았다. 그러자 바다가 죽은 사람의 것과 같은 피가 되었다. 그리고 바닷속에 있는 모든 생명체가 죽었다.

16:4

Καὶ ὁ τρίτος ἐξέχεεν τὴν φιάλην αὐτοῦ εἰς τοὺς ποταμοὺς καὶ τὰς πηγὰς τῶν ὑδάτων, καὶ ἐγένετο αἷμα.

그리고 세 번째가 그의 대접을 강들과 물들의 샘에 쏟았다. 그러자 그것이 피가 되었다.

16:5

Καὶ ἤκουσα τοῦ ἀγγέλου τῶν ὑδάτων λέγοντος·
δίκαιος εἶ, ὁ ὢν καὶ ὁ ἦν, ὁ ὅσιος, ὅτι ταῦτα ἔκρινας,

그리고 나는 물을 관리하는 천사가 말하는 것을 들었다.
"지금 계시고 전에도 계셨던 분, 거룩한 자여, 당신께서 이것들을 심판하셨으니, 당신은 의로우십니다.

16:6

ὅτι αἷμα ἁγίων καὶ προφητῶν ἐξέχεαν καὶ αἷμα αὐτοῖς δέδωκας πιεῖν, ἄξιοί εἰσιν.

이는 그들이 성도들과 선지자들의 피를 쏟았기 때문에 당신께서도 그들에게 피를 마시도록 주셨으니, 그들은 합당합니다."

16:7

Καὶ ἤκουσα τοῦ θυσιαστηρίου λέγοντος·

ναὶ κύριε ὁ θεὸς ὁ παντοκράτωρ, ἀληθιναὶ καὶ δίκαιαι αἱ κρίσεις
σου.

그리고 나는 제단이 말하는 것을 들었다.

"그렇습니다. 주 하나님 전능자여, 당신의 심판들은 진실하고 의롭습
니다."

16:8

Καὶ ὁ τέταρτος ἐξέχεεν τὴν φιάλην αὐτοῦ ἐπὶ τὸν ἥλιον, καὶ ἐδόθη
αὐτῷ καυματίσαι τοὺς ἀνθρώπους ἐν πυρί.

그리고 네 번째가 그의 대접을 태양에 쏟았다. 그리고 그것에게 사람들을
불로 태울 권세가 주어졌다.

16:9

καὶ ἐκαυματίσθησαν οἱ ἄνθρωποι καῦμα μέγα καὶ ἐβλασφήμησαν
τὸ ὄνομα τοῦ θεοῦ τοῦ ἔχοντος τὴν ἐξουσίαν ἐπὶ τὰς πληγὰς ταύτας
καὶ οὐ μετενόησαν δοῦναι αὐτῷ δόξαν.

그러자 사람들이 큰 열기에 태워졌다. 그리고 이 재앙들 위에 권세를
가지고 계시는 하나님의 이름을 비방했다. 그리고 회개하지 않고 그에게
영광을 드리지 않았다.

16:10

Καὶ ὁ πέμπτος ἐξέχεεν τὴν φιάλην αὐτοῦ ἐπὶ τὸν θρόνον τοῦ θηρίου, καὶ ἐγένετο ἡ βασιλεία αὐτοῦ ἐσκοτωμένη, καὶ ἐμασῶντο τὰς γλώσσας αὐτῶν ἐκ τοῦ πόνου,

그리고 다섯 번째가 그의 대접을 짐승의 보좌 위에 쏟았다. 그러자 그것의 나라가 어두워졌다. 그리고 사람들은 고통으로 인해 그들의 혀를 깨물고 있었다.

16:11

καὶ ἐβλασφήμησαν τὸν θεὸν τοῦ οὐρανοῦ ἐκ τῶν πόνων αὐτῶν καὶ ἐκ τῶν ἑλκῶν αὐτῶν καὶ οὐ μετενόησαν ἐκ τῶν ἔργων αὐτῶν.

그리고 그들의 고통으로 인해 그리고 그들의 종기들로 인해 하늘의 하나님을 비방하며 자기들의 행위들로부터 회개하지 않았다.

16:12

Καὶ ὁ ἕκτος ἐξέχεεν τὴν φιάλην αὐτοῦ ἐπὶ τὸν ποταμὸν τὸν μέγαν τὸν Εὐφράτην, καὶ ἐξηράνθη τὸ ὕδωρ αὐτοῦ, ἵνα ἑτοιμασθῇ ἡ ὁδὸς τῶν βασιλέων τῶν ἀπὸ ἀνατολῆς ἡλίου.

그리고 여섯 번째가 그의 대접을 큰 강 유프라테스에 쏟았다. 그러자 그것의 물이 말라서 해 뜨는 쪽에 있는 왕들의 길이 준비되었다.

16:13

Καὶ εἶδον ἐκ τοῦ στόματος τοῦ δράκοντος καὶ ἐκ τοῦ στόματος τοῦ θηρίου καὶ ἐκ τοῦ στόματος τοῦ ψευδοπροφήτου πνεύματα τρία ἀκάθαρτα ὡς βάτραχοι·

그리고 나는 용의 입에서 그리고 짐승의 입에서 그리고 거짓 선지자의
입에서 개구리 같은 더러운 세 영을 보았다.

16:14

εἰσὶν γὰρ πνεύματα δαιμονίων ποιοῦντα σημεῖα, ἃ ἐκπορεύεται ἐπὶ
τοὺς βασιλεῖς τῆς οἰκουμένης ὅλης συναγαγεῖν αὐτοὺς εἰς τὸν
πόλεμον τῆς ἡμέρας τῆς μεγάλης τοῦ θεοῦ τοῦ παντοκράτορος.

참으로 그것들은 표적을 행하는 귀신들의 영인데, 그것들은 하나님, 곧
전능자의 큰 날의 전쟁을 향하여 온 세상의 왕들을 모으기 위해 나갔다.

16:15

Ἰδοὺ ἔρχομαι ὡς κλέπτης. μακάριος ὁ γρηγορῶν καὶ τηρῶν τὰ ἱμάτια
αὐτοῦ, ἵνα μὴ γυμνὸς περιπατῇ καὶ βλέπωσιν τὴν ἀσχημοσύνην
αὐτοῦ.

"보라, 내가 도둑같이 오리라. 벌거벗은 채 돌아다녀서 사람들이 그의
부끄러움을 보지 않도록 깨어서 자기의 옷을 지키는 자는 행복하다."

16:16

Καὶ συνήγαγεν αὐτοὺς εἰς τὸν τόπον τὸν καλούμενον Ἑβραϊστὶ
Ἁρμαγεδών.

그리고 그것들은 그들을 히브리어로 하르마게돈이라 불리는 장소로 모
았다.

16:17

Καὶ ὁ ἕβδομος ἐξέχεεν τὴν φιάλην αὐτοῦ ἐπὶ τὸν ἀέρα, καὶ ἐξῆλθεν φωνὴ μεγάλη ἐκ τοῦ ναοῦ ἀπὸ τοῦ θρόνου λέγουσα· γέγονεν.

그리고 일곱 번째가 그의 대접을 공기 속에 쏟았다. 그러자 성전으로부터 보좌에서 큰 음성이 나왔다.

"되었다."

16:18

καὶ ἐγένοντο ἀστραπαὶ καὶ φωναὶ καὶ βρονταὶ καὶ σεισμὸς ἐγένετο μέγας, οἷος οὐκ ἐγένετο ἀφ᾽ οὗ ἄνθρωπος ἐγένετο ἐπὶ τῆς γῆς τηλικοῦτος σεισμὸς οὕτως μέγας.

그러자 번개들과 음성들과 천둥들이 일어났다. 그리고 큰 지진이 일어났는데, 사람이 땅에 생긴 이래 이처럼 큰 지진은 없었다.

16:19

καὶ ἐγένετο ἡ πόλις ἡ μεγάλη εἰς τρία μέρη καὶ αἱ πόλεις τῶν ἐθνῶν ἔπεσαν. καὶ Βαβυλὼν ἡ μεγάλη ἐμνήσθη ἐνώπιον τοῦ θεοῦ δοῦναι αὐτῇ τὸ ποτήριον τοῦ οἴνου τοῦ θυμοῦ τῆς ὀργῆς αὐτοῦ.

그러자 큰 도시가 세 조각이 되었고 민족들의 도시들이 무너졌다. 그리고 큰 도시 바빌론이 하나님 앞에 기억되어 그것에게 그의 진노와 분노의 포도주 잔이 주어졌다.

16:20

καὶ πᾶσα νῆσος ἔφυγεν καὶ ὄρη οὐχ εὑρέθησαν.

그리고 모든 섬이 도망치고 산들은 발견되지 않았다.

16:21

καὶ χάλαζα μεγάλη ὡς ταλαντιαία καταβαίνει ἐκ τοῦ οὐρανοῦ ἐπὶ τοὺς ἀνθρώπους, καὶ ἐβλασφήμησαν οἱ ἄνθρωποι τὸν θεὸν ἐκ τῆς πληγῆς τῆς χαλάζης, ὅτι μεγάλη ἐστὶν ἡ πληγὴ αὐτῆς σφόδρα.

그리고 1달란트 무게의 우박이 하늘로부터 사람들에게 내려왔다. 그러자 사람들은 우박의 재앙으로 인해 하나님을 비방했다. 왜냐하면 그것의 재앙이 엄청 컸기 때문이다.

일곱 천사가 하나님의 마지막 재앙이 담긴 대접들을 차례대로 쏟아버리자 권력과 우상을 숭배하는 자들에게 악독한 종기가 생기고, 바다는 피가 되어 그 속에 있는 모든 생명체가 죽고, 지구상에 있는 모든 강물과 샘물은 피로 변하여 마실 물이 없어지고, 태양이 뜨거운 열을 보내 사람들은 그 열로 고통을 당하고, 짐승의 보좌는 어두워지고, 지구상의 모든 도시가 무너지며 인간의 문명이 파괴되고, 하늘에서 달란트(34kg) 무게의 거대한 우박 덩어리가 쏟아지면서 하늘과 땅과 바다에 기이하고 놀라운 종말의 징조들이 나타나는데, 이것들 속에는 어린양 예수 그리스도와 그의 증인들의 피를 마신 세상을 향한 하나님의 진노와 복수의 의지가 들어 있다. 그러나 인간들은 무시무시한 종말론적 재앙의 고통 속에서도 혀를 깨물면서 끝까지 회개하지 않고 오히려 하나님을 모독하며 전능자의 의지에 저항한다. 한편 사탄의 세력은 하나님께서 준비하신 큰 날의 전쟁을 위해 거짓말하는 영들을 온 세상에 보내어 하나님께 반역하는 모든 왕을 끌어모아 하르마게돈이라는 곳에 결집시킨다. 이때 반역 세력들은 유프라테스강 동쪽으로부터 진격해 온다. 이리하여 하르마게돈은 하나님의 의지와 거기에 반역하는 대적자들의 의지가 충돌하는 결전의 장소가 된다. 하르마게돈은 므깃도의 산이라는 뜻으로 갈멜산을 가리키는 것으로 판단된다. 갈멜산은 북왕국 이스라엘의 아합왕 시대에 시돈 출신의 왕비 이세벨의 비호를 받는 바알 사제들이 이스라엘 백성들을 타락시켰을 때 선지자 엘리야가 우상 숭배자들과 대결하여 승리한 후 바알과 아세라 사제들을 숙청했던 장소다. 그러므로 하르마게돈 이란 만물을 창조하시고 의로 통치하시는 전능자의 의지와 자기의 의와 영광을 추구하며 자신의 왕국을 건설하려는 인간의 의지가 충돌하는 역사의 현장 그 자체라고 할 수 있다. 우리는 모든 성경 말씀과 함께 요한계시록을 반드시 역사적 관점에서 해석해야 한다. 그래야 만 144,000명, 두 올리브나무와 두 등잔대, 666, 하르마게돈 전쟁 같은 상징적 표상들에 대해 자기들만 어떤 신비로운 지식을 갖고 있는 것처럼 세상을 속이며 인간의 영혼을 사냥하는 사기꾼 이단들로부터 교회를 지킬 수 있다.

큰 창녀와 짐승

계 17:1-18

17:1

Καὶ ἦλθεν εἷς ἐκ τῶν ἑπτὰ ἀγγέλων τῶν ἐχόντων τὰς ἑπτὰ φιάλας καὶ ἐλάλησεν μετ' ἐμοῦ λέγων·

δεῦρο, δείξω σοι τὸ κρίμα τῆς πόρνης τῆς μεγάλης τῆς καθημένης ἐπὶ ὑδάτων πολλῶν,

그리고 일곱 대접을 가지고 있는 일곱 천사 중 하나가 와서 나와 함께 이야기하며 말했다.

"오라, 내가 너에게 많은 물 위에 앉아 있는 큰 창녀의 심판을 보여주겠 는데,

17:2

μεθ' ἧς ἐπόρνευσαν οἱ βασιλεῖς τῆς γῆς καὶ ἐμεθύσθησαν οἱ κατοικοῦντες τὴν γῆν ἐκ τοῦ οἴνου τῆς πορνείας αὐτῆς.

그녀와 함께 땅의 왕들이 음행하였고, 땅에 거주하는 자들은 그녀의 음행 의 포도주에 취했다."

17:3

καὶ ἀπήνεγκέν με εἰς ἔρημον ἐν πνεύματι. Καὶ εἶδον γυναῖκα καθημένην ἐπὶ θηρίον κόκκινον, γέμοῧτὰ ὀνόματα βλασφημίας, ἔχων κεφαλὰς ἑπτὰ καὶ κέρατα δέκα.

그리고 그는 성령으로 나를 광야로 데리고 갔다. 그리고 나는 빨간색 짐승 위에 앉아 있는 여자를 보았는데, 그 짐승은 비방의 이름들로 가득하고 일곱 개의 머리와 열 개의 뿔을 가지고 있었다.

17:4

καὶ ἡ γυνὴ ἦν περιβεβλημένη πορφυροῦν καὶ κόκκινον καὶ κεχρυσωμένη χρυσίῳ καὶ λίθῳ τιμίῳ καὶ μαργαρίταις, ἔχουσα ποτήριον χρυσοῦν ἐν τῇ χειρὶ αὐτῆς γέμον βδελυγμάτων καὶ τὰ ἀκάθαρτα τῆς πορνείας αὐτῆς

그리고 그 여자는 자주색과 빨간색 옷을 입고 금과 보석과 진주로 치장하고, 그녀의 손에는 가증스러운 것들로 가득 찬 금잔과 그녀의 음행의 더러운 것들을 가지고 있었다.

17:5

καὶ ἐπὶ τὸ μέτωπον αὐτῆς ὄνομα γεγραμμένον, μυστήριον, Βαβυλὼν ἡ μεγάλη, ἡ μήτηρ τῶν πορνῶν καὶ τῶν βδελυγμάτων τῆς γῆς.

그리고 그녀의 이마에는 이름이 기록되어 있었는데, 비밀이요, 큰 바빌론이요, 땅의 창녀들과 가증스러운 것들의 어머니다.

17:6

καὶ εἶδον τὴν γυναῖκα μεθύουσαν ἐκ τοῦ αἵματος τῶν ἁγίων καὶ ἐκ τοῦ αἵματος τῶν μαρτύρων Ἰησοῦ. Καὶ ἐθαύμασα ἰδὼν αὐτὴν θαῦμα μέγα.

그리고 나는 그 여자가 성도들의 피와 예수의 증인들의 피로 인해 취해 있는 것을 보았다. 그리고 나는 그녀를 보고 큰 놀라움으로 놀랐다.

17:7

Καὶ εἶπέν μοι ὁ ἄγγελος· διὰ τί ἐθαύμασας; ἐγὼ ἐρῶ σοι τὸ μυστήριον τῆς γυναικὸς καὶ τοῦ θηρίου τοῦ βαστάζοντος αὐτὴν τοῦ ἔχοντος τὰς ἑπτὰ κεφαλὰς καὶ τὰ δέκα κέρατα.

그러자 그 천사가 나에게 말했다.

"어찌하여 놀랐느냐? 내가 너에게 여자와 그녀를 태우고 있는 일곱 개의 머리와 열 개의 뿔을 가지고 있는 짐승의 비밀을 말하겠다.

17:8

Τὸ θηρίον ὃ εἶδες ἦν καὶ οὐκ ἔστιν καὶ μέλλει ἀναβαίνειν ἐκ τῆς ἀβύσσου καὶ εἰς ἀπώλειαν ὑπάγει, καὶ θαυμασθήσονται οἱ κατοικοῦντες ἐπὶ τῆς γῆς, ὧν οὐ γέγραπται τὸ ὄνομα ἐπὶ τὸ βιβλίον τῆς ζωῆς ἀπὸ καταβολῆς κόσμου, βλεπόντων τὸ θηρίον ὅτι ἦν καὶ οὐκ ἔστιν καὶ παρέσται.

네가 본 그 짐승은 전에 있었으나 지금은 없고 장차 무저갱으로부터 올라와서 멸망을 향하여 갈 것이다. 그리고 땅에 거주하는 자들, 곧 창세로부터 생명의 책에 그들의 이름이 기록되어 있지 않은 자들은 전에 있었고 지금은 없고 장차 나타날 그 짐승을 보고 놀랄 것이다.

17:9

ὧδε ὁ νοῦς ὁ ἔχων σοφίαν. Αἱ ἑπτὰ κεφαλαὶ ἑπτὰ ὄρη εἰσίν, ὅπου ἡ γυνὴ κάθηται ἐπ᾽ αὐτῶν. καὶ βασιλεῖς ἑπτά εἰσιν·

여기에 지혜를 가진 생각이 있다. 일곱 개의 머리는 그 여자가 앉아 있는 일곱 개의 산이다. 그리고 그것들은 일곱 왕이다.

17:10

οἱ πέντε ἔπεσαν, ὁ εἷς ἔστιν, ὁ ἄλλος οὔπω ἦλθεν, καὶ ὅταν ἔλθῃ ὀλίγον αὐτὸν δεῖ μεῖναι.

다섯은 무너졌고 하나는 있고 다른 것은 아직 오지 않았다. 그리고 그가 올 때 그는 반드시 잠깐 머물 것이다.

17:11

καὶ τὸ θηρίον ὃ ἦν καὶ οὐκ ἔστιν καὶ αὐτὸς ὄγδοός ἐστιν καὶ ἐκ τῶν ἑπτά ἐστιν, καὶ εἰς ἀπώλειαν ὑπάγει.

그리고 전에 있었고 지금은 없는 그 짐승은 바로 여덟 번째인데 일곱에 속해 있다. 그리고 그것은 멸망으로 갈 것이다.

17:12

Καὶ τὰ δέκα κέρατα ἃ εἶδες δέκα βασιλεῖς εἰσιν, οἵτινες βασιλείαν οὔπω ἔλαβον, ἀλλ᾽ ἐξουσίαν ὡς βασιλεῖς μίαν ὥραν λαμβάνουσιν μετὰ τοῦ θηρίου.

그리고 네가 본 열 개의 뿔은 아직 나라를 받지 못한 열명의 왕이다. 그러나 그들은 한 시간 동안 짐승과 함께 왕 같은 권세를 받을 것이다.

17:13

οὗτοι μίαν γνώμην ἔχουσιν καὶ τὴν δύναμιν καὶ ἐξουσίαν αὐτῶν τῷ θηρίῳ διδόασιν.

이들은 한뜻을 가지고 그들의 능력과 권세를 짐승에게 줄 것이다.

17:14

οὗτοι μετὰ τοῦ ἀρνίου πολεμήσουσιν καὶ τὸ ἀρνίον νικήσει αὐτούς, ὅτι κύριος κυρίων ἐστὶν καὶ βασιλεὺς βασιλέων καὶ οἱ μετ᾽ αὐτοῦ κλητοὶ καὶ ἐκλεκτοὶ καὶ πιστοί.

이들은 어린양과 더불어 전쟁할 것이나 어린양이 이길 것이다. 왜냐하면 그는 주들의 주요 왕들의 왕이기 때문이다. 그리고 그와 함께 부름 받은 자들과 선택된 자들과 충성된 자들도 이길 것이다."

17:15

Καὶ λέγει μοι·

τὰ ὕδατα ἃ εἶδες οὗ ἡ πόρνη κάθηται, λαοὶ καὶ ὄχλοι εἰσὶν καὶ ἔθνη καὶ γλῶσσαι.

그리고 그가 나에게 말한다.

"네가 본 바 창녀가 앉아 있는 물들은 백성들과 군중들과 민족들과 언어들이다.

17:16

καὶ τὰ δέκα κέρατα ἃ εἶδες καὶ τὸ θηρίον οὗτοι μισήσουσιν τὴν πόρνην καὶ ἠρημωμένην ποιήσουσιν αὐτὴν καὶ γυμνὴν καὶ τὰς σάρκας αὐτῆς φάγονται καὶ αὐτὴν κατακαύσουσιν ἐν πυρί.

네가 본 열 개의 뿔과 짐승, 이들은 그 창녀를 미워할 것이다. 그리고 그녀를 황폐하게 만들고 벌거벗길 것이다. 그리고 그녀의 살을 먹고 그녀를 불에 태워버릴 것이다.

17:17

ὁ γὰρ θεὸς ἔδωκεν εἰς τὰς καρδίας αὐτῶν ποιῆσαι τὴν γνώμην αὐτοῦ καὶ ποιῆσαι μίαν γνώμην καὶ δοῦναι τὴν βασιλείαν αὐτῶν τῷ θηρίῳ ἄχρι τελεσθήσονται οἱ λόγοι τοῦ θεοῦ.

이는 하나님께서 그들의 마음에 자기의 뜻을 행하도록 주시고 하나님의 말씀들이 완성될 때까지 그들의 나라를 짐승에게 주게 하셨기 때문이다.

17:18

καὶ ἡ γυνὴ ἣν εἶδες ἔστιν ἡ πόλις ἡ μεγάλη ἡ ἔχουσα βασιλείαν ἐπὶ τῶν βασιλέων τῆς γῆς.

네가 본 그 여자는 땅의 왕들 위에 나라를 가지고 있는 큰 도시다."

해설

오늘 무대에 등장하는 두 주인공은 큰 창녀(πορνη, 포르네)와 짐승 (θηριον, 데리온)이다. 이들은 각각 섹스와 권력을 상징하는 존재들로서 세상을 지배하는 강력한 세력들이다. 포르네는 페르네미(περνημι, 팔다)에서 파생된 단어다. 하나님의 심판의 날이 가까우면 창녀가 세상을 지배하는 시대가 되고 모든 사람이 포르노의 영향을 받게 되는데, 성의 상품화는 파는 자와 사는 자 모두의 자기소외를 일으키며 하나님의 창조 질서를 파괴한다. 창녀와 짐승은 밀접한 관계를 가지며 자신의 욕망을 충족시키기 위해 서로를 이용한다. 짐승의 등에 올라탄 창녀는 화려한 보석들로 치장하며 자신의 음행의 열정의 포도주로 세상을 미치게 만든다. 그러나 그녀의 사치와 허영의 배후에는 성도들의 피가 있다. 세상의 왕들은 그녀의 음행의 열정의 포도주를 마시고 즐기다가 나중에는 마음이 변하여 그녀를 황폐하게 만들어 벌거벗기고 살을 뜯어먹은 후 불살라 버리는 엽기적인 행태를 보인다. 음행의 대가로 사치와 허영을 즐기던 이 창녀의 비참한 종말은 세상 문화의 실체를 보여준다. 하나님의 아가페 사랑의 생명의 교제에서 떠나 자기의 욕망을 무한대로 추구하는 세상은, 겉으로는 화려하지만 그 속에는 자기부정과 자기혐오의 죽음의 세력이 작동하고 있는 것이다.

세상 권력을 상징하는 짐승은 일곱 개의 머리와 열 개의 뿔을 가진 괴물로 등장하는데, 이것은 영원히 충족되지 않는 욕망과 자기모순에 빠진 권력의 속성을 묘사한다. 이 괴물은 세상 끝 날까지 자기 모습을 바꾸며 나타나 세상을 속이는 변장술의 고수다.

바빌론이라는 이름으로 불리는 큰 창녀는 여러 민족의 왕을 통치하는 제국의 수도로서 로마를 연상시킨다. 사실 로마는 이탈리아 중부 티베레 강변에 있는 일곱 개의 언덕에 자리 잡았던 일곱 부족의 연합체로 시작한 나라다. 그러므로 사도 요한의 계시록을 읽는 당대의 사람들은 누구나 그 짐승을 로마제국이라고 생각했을 것이다. 그러나 오늘 우리에게 그 짐승은 하나의 상징적 의미로 남아 있을 뿐이다. 중요한 것은 제국의 도시 문명을 창녀와 연결시켰다는 점이다. 자신의 몸을 상품화하는 창녀는 세상의 본질을 보여주는데, 그것은 인간의 존엄성과 주체성의 상실이며 자기소외다. 모든 것이 상품화되고 물질화되는 도시는 섹스와 권력과 돈이 삼위일체 카르텔을 형성하는 욕망의 장소다. 그리고 이 세 가지는 사탄이 세상을 지배하는 강력한 수단이다.

바빌론의 멸망

계 18:1-24

18:1

Μετὰ ταῦτα εἶδον ἄλλον ἄγγελον καταβαίνοντα ἐκ τοῦ οὐρανοῦ ἔχοντα ἐξουσίαν μεγάλην, καὶ ἡ γῆ ἐφωτίσθη ἐκ τῆς δόξης αὐτοῦ.

이 일들 후에 나는 큰 권세를 가지고 있는 다른 천사가 하늘로부터 내려오는 것을 보았는데, 그의 영광으로 인해 땅이 밝아졌다.

18:2

καὶ ἔκραξεν ἐν ἰσχυρᾷ φωνῇ λέγων·

ἔπεσεν ἔπεσεν Βαβυλὼν ἡ μεγάλη, καὶ ἐγένετο κατοικητήριον δαιμονίων καὶ φυλακὴ παντὸς πνεύματος ἀκαθάρτου καὶ φυλακὴ παντὸς ὀρνέου ἀκαθάρτου καὶ φυλακὴ παντὸς θηρίου ἀκαθάρτου καὶ μεμισημένου,

그리고 그는 힘 있는 음성으로 외치며 말했다.

"무너졌다. 큰 바빌론이 무너졌다. 그리고 그것은 귀신들의 거처와 모든 더러운 영의 감옥과 모든 더러운 새의 감옥과 모든 더럽고 가증스러운 짐승의 감옥이 되었도다.

18:3

ὅτι ἐκ τοῦ οἴνου τοῦ θυμοῦ τῆς πορνείας αὐτῆς πέπωκαν πάντα τὰ ἔθνη καὶ οἱ βασιλεῖς τῆς γῆς μετ᾽ αὐτῆς ἐπόρνευσαν καὶ οἱ ἔμποροι τῆς γῆς ἐκ τῆς δυνάμεως τοῦ στρήνους αὐτῆς ἐπλούτησαν.

이는 모든 민족이 그녀의 음행의 열정의 포도주를 마시고, 땅의 왕들이 그녀와 함께 음행하고, 땅의 상인들이 그녀의 사치의 능력으로 부자가 되었기 때문이다."

18:4

Καὶ ἤκουσα ἄλλην φωνὴν ἐκ τοῦ οὐρανοῦ λέγουσαν·

ἐξέλθατε ὁ λαός μου ἐξ αὐτῆς ἵνα μὴ συγκοινωνήσητε ταῖς ἁμαρτίαις αὐτῆς, καὶ ἐκ τῶν πληγῶν αὐτῆς ἵνα μὴ λάβητε,

그리고 나는 하늘에서 말하는 다른 음성을 들었다.

"내 백성은 그녀에게서 나가서 그녀의 죄에 함께 참여하지 말고, 그녀의 재앙을 받지 말라.

18:5

ὅτι ἐκολλήθησαν αὐτῆς αἱ ἁμαρτίαι ἄχρι τοῦ οὐρανοῦ καὶ ἐμνημόνευσεν ὁ θεὸς τὰ ἀδικήματα αὐτῆς.

왜냐하면 그녀의 죄들이 하늘까지 사무쳤고, 하나님께서 그녀의 불의한 행위들을 기억하셨기 때문이다.

18:6

ἀπόδοτε αὐτῇ ὡς καὶ αὐτὴ ἀπέδωκεν καὶ διπλώσατε τὰ διπλᾶ κατὰ τὰ ἔργα αὐτῆς, ἐν τῷ ποτηρίῳ ᾧ ἐκέρασεν κεράσατε αὐτῇ διπλοῦν,

그녀가 갚은 것과 똑같이 그녀에게 갚으라. 그녀의 행위들대로 그녀에게 두 배를 갚으라. 그리고 그녀가 섞은 잔에 그녀에게 두 배를 섞으라.

18:7

ὅσα ἐδόξασεν αὐτὴν καὶ ἐστρηνίασεν, τοσοῦτον δότε αὐτῇ βασανισμὸν καὶ πένθος. ὅτι ἐν τῇ καρδίᾳ αὐτῆς λέγει ὅτι κάθημαι βασίλισσα καὶ χήρα οὐκ εἰμὶ καὶ πένθος οὐ μὴ ἴδω.

그녀가 자기를 영화롭게 하고 사치하며 살았던 것만큼 이것을 그녀에게 고통과 슬픔으로 주어라. 이는 그녀가 자기의 마음속으로 말했기 때문이다.

'나는 여왕으로 앉아 있다. 그리고 나는 과부가 아니다. 그러므로 나는 결코 슬픔을 보지 않을 것이다.'"

18:8

διὰ τοῦτο ἐν μιᾷ ἡμέρᾳ ἥξουσιν αἱ πληγαὶ αὐτῆς, θάνατος καὶ πένθος καὶ λιμός, καὶ ἐν πυρὶ κατακαυθήσεται, ὅτι ἰσχυρὸς κύριος ὁ θεὸς ὁ κρίνας αὐτήν.

이러므로 한 날에 그녀의 재앙들, 곧 사망과 슬픔과 기근이 올 것이다. 그리고 그녀는 불에 태워질 것이다. 이는 그녀를 심판하신 주 하나님은 강하시기 때문이다.

18:9

Καὶ κλαύσουσιν καὶ κόψονται ἐπ᾽ αὐτὴν οἱ βασιλεῖς τῆς γῆς οἱ μετ᾽ αὐτῆς πορνεύσαντες καὶ στρηνιάσαντες, ὅταν βλέπωσιν τὸν καπνὸν τῆς πυρώσεως αὐτῆς,

그리고 그녀와 함께 음행하며 방탕하게 살았던 땅의 왕들은, 그녀의 타오르는 연기를 볼 때 울며 그녀를 위해 가슴을 칠 것이다.

18:10

ἀπὸ μακρόθεν ἑστηκότες διὰ τὸν φόβον τοῦ βασανισμοῦ αὐτῆς λέγοντες·

οὐαὶ οὐαί, ἡ πόλις ἡ μεγάλη, Βαβυλὼν ἡ πόλις ἡ ἰσχυρά, ὅτι μιᾷ ὥρᾳ ἦλθεν ἡ κρίσις σου.

그리고 그녀의 고통에 대한 두려움 때문에 멀리 서서 말할 것이다.
"화로다. 큰 도시, 힘센 도시 바빌론이여 화로다. 이는 일시에 너의 심판이 임했기 때문이다."

18:11

Καὶ οἱ ἔμποροι τῆς γῆς κλαίουσιν καὶ πενθοῦσιν ἐπ᾽ αὐτήν, ὅτι τὸν γόμον αὐτῶν οὐδεὶς ἀγοράζει οὐκέτι

그리고 땅의 상인들이 그녀를 향해 울며 통곡할 것이다. 이는 그 누구도 더 이상 그들의 상품들을 사지 않을 것이기 때문이다.

18:12

γόμον χρυσοῦ καὶ ἀργύρου καὶ λίθου τιμίου καὶ μαργαριτῶν καὶ βυσσίνου καὶ πορφύρας καὶ σιρικοῦ καὶ κοκκίνου, καὶ πᾶν ξύλον θύϊνον καὶ πᾶν σκεῦος ἐλεφάντινον καὶ πᾶν σκεῦος ἐκ ξύλου τιμιωτάτου καὶ χαλκοῦ καὶ σιδήρου καὶ μαρμάρου,

금과 은과 보석과 진주들과 고운 삼베와 자주색 옷감과 실크와 빨간색
옷감의 상품과 모든 나무와 향나무와 모든 상아 가구와 모든 값비싼 나무
와 청동과 철과 대리석으로 만든 가구와

18:13

καὶ κιννάμωμον καὶ ἄμωμον καὶ θυμιάματα καὶ μύρον καὶ λίβανον
καὶ οἶνον καὶ ἔλαιον καὶ σεμίδαλιν καὶ σῖτον καὶ κτήνη καὶ πρόβατα,
καὶ ἵππων καὶ ῥεδῶν καὶ σωμάτων, καὶ ψυχὰς ἀνθρώπων.

계피와 인도 향나무와 향료와 향유와 유향과 포도주와 올리브기름과
고운 밀가루와 곡물과 짐승과 양들, 그리고 말들과 전차들과 노예들,
그리고 사람들의 목숨이다.

18:14

καὶ ἡ ὀπώρα σου τῆς ἐπιθυμίας τῆς ψυχῆς ἀπῆλθεν ἀπὸ σοῦ, καὶ
πάντα τὰ λιπαρὰ καὶ τὰ λαμπρὰ ἀπώλετο ἀπὸ σοῦ καὶ οὐκέτι οὐ μὴ
αὐτὰ εὑρήσουσιν.

그리고 마음의 욕망의 열매가 너에게서 떠났다. 그리고 모든 기름진 것이
너에게서 사라졌다. 그리하여 더 이상 사람들은 그것들을 발견하지 못할
것이다.

18:15

Οἱ ἔμποροι τούτων οἱ πλουτήσαντες ἀπ᾽ αὐτῆς ἀπὸ μακρόθεν
στήσονται διὰ τὸν φόβον τοῦ βασανισμοῦ αὐτῆς κλαίοντες καὶ

πενθοῦντες

이 물건들을 팔아서 그녀로 인해 부자가 된 상인들은 그녀의 고통에 대한
두려움 때문에 멀리 서서 울며 통곡하며

18:16

λέγοντες·

οὐαὶ οὐαί, ἡ πόλις ἡ μεγάλη, ἡ περιβεβλημένη βύσσινον καὶ
πορφυροῦν καὶ κόκκινον καὶ κεχρυσωμένη ἐν χρυσίῳ καὶ λίθῳ τιμίῳ
καὶ μαργαρίτῃ,

말할 것이다.

"화로다. 고운 삼베와 자주색과 빨간색 옷을 입고 금과 보석과 진주로
치장한 큰 도시여, 화로다."

18:17

ὅτι μιᾷ ὥρᾳ ἠρημώθη ὁ τοσοῦτος πλοῦτος.

Καὶ πᾶς κυβερνήτης καὶ πᾶς ὁ ἐπὶ τόπον πλέων καὶ ναῦται καὶ ὅσοι
τὴν θάλασσαν ἐργάζονται, ἀπὸ μακρόθεν ἔστησαν

이는 일시에 이러한 부가 황폐하게 되었기 때문이다. 그리고 모든 선장과
그곳에 항해하는 모든 자와 선원들과 바다에서 일하는 자들이 멀리 서서

18:18

καὶ ἔκραζον βλέποντες τὸν καπνὸν τῆς πυρώσεως αὐτῆς λέγοντες·
τίς ὁμοία τῇ πόλει τῇ μεγάλῃ;

그녀의 불타는 연기를 보고 외치며 말했다.

"누가 이 큰 도시와 같을까?"

18:19

καὶ ἔβαλον χοῦν ἐπὶ τὰς κεφαλὰς αὐτῶν καὶ ἔκραζον κλαίοντες
καὶ πενθοῦντες λέγοντες·

οὐαὶ οὐαί, ἡ πόλις ἡ μεγάλη, ἐν ᾗ ἐπλούτησαν πάντες οἱ ἔχοντες
τὰ πλοῖα ἐν τῇ θαλάσσῃ ἐκ τῆς τιμιότητος αὐτῆς, ὅτι μιᾷ ὥρᾳ ἠρημώθη.

그리고 자기들의 머리에 흙을 뿌리고 울며 통곡하며 말했다.

"화로다. 그 안에서 바다에 배를 가지고 있는 모든 자가 그녀의 값비싼
것들로 부자가 되었던 큰 도시여, 화로다. 이는 일시에 그녀가 황폐해졌
기 때문이다."

18:20

Εὐφραίνου ἐπ᾽ αὐτῇ, οὐρανὲ καὶ οἱ ἅγιοι καὶ οἱ ἀπόστολοι καὶ οἱ
προφῆται, ὅτι ἔκρινεν ὁ θεὸς τὸ κρίμα ὑμῶν ἐξ αὐτῆς.

하늘이여 그리고 성도들과 사도들과 선지자들이여, 즐거워하라. 이는
하나님께서 너희의 심판을 그녀에게 행하셨기 때문이다.

18:21

Καὶ ἦρεν εἷς ἄγγελος ἰσχυρὸς λίθον ὡς μύλινον μέγαν καὶ ἔβαλεν
εἰς τὴν θάλασσαν λέγων·

οὕτως ὁρμήματι βληθήσεται Βαβυλὼν ἡ μεγάλη πόλις
καὶ οὐ μὴ εὑρεθῇ ἔτι.

그리고 힘센 천사가 큰 맷돌 같은 돌을 들어서 바다에 던지며 말했다.

"이와 같이 큰 도시 바빌론이 던져질 것이다. 그리고 그것은 더 이상 발견되지 않을 것이다.

18:22

καὶ φωνὴ κιθαρῳδῶν καὶ μουσικῶν καὶ αὐλητῶν καὶ σαλπιστῶν οὐ μὴ ἀκουσθῇ ἐν σοὶ ἔτι, καὶ πᾶς τεχνίτης πάσης τέχνης οὐ μὴ εὑρεθῇ ἐν σοὶ ἔτι, καὶ φωνὴ μύλου
οὐ μὴ ἀκουσθῇ ἐν σοὶ ἔτι,

그리고 기타 연주자들과 노래하는 자들과 피리 부는 자들과 나팔 부는 자들의 소리가 더 이상 네 안에서 들리지 않을 것이고, 모든 직업의 기술자들이 더 이상 네 안에서 발견되지 않을 것이고, 맷돌 소리가 더 이상 네 안에서 들리지 않을 것이고,

18:23

καὶ φῶς λύχνου οὐ μὴ φάνῃ ἐν σοὶ ἔτι, καὶ φωνὴ νυμφίου καὶ νύμφης οὐ μὴ ἀκουσθῇ ἐν σοὶ ἔτι· ὅτι οἱ ἔμποροί σου ἦσαν οἱ μεγιστᾶνες τῆς γῆς, ὅτι ἐν τῇ φαρμακείᾳ σου ἐπλανήθησαν πάντα τὰ ἔθνη,

등불의 빛이 더 이상 네 안에서 비치지 않을 것이고, 신랑과 신부의 음성이 더 이상 네 안에서 들리지 않을 것이다. 이는 모든 민족이 너의 마술로 인해 미혹되었기 때문이다."

18:24

καὶ ἐν αὐτῇ αἷμα προφητῶν καὶ ἁγίων εὑρέθη καὶ πάντων τῶν ἐσφαγμένων ἐπὶ τῆς γῆς.

그리고 그녀에게서 선지자들과 성도들과 땅에서 살해당한 모든 자의 피가 발견되었다.

　　세상의 모든 화려한 것들로 치장하며 땅에 거주하는 자들로부터 사랑받던 제국의 수도에 하나님의 심판이 떨어진다. 그것은 그 도시의 죄악이 하늘에 사무치고 하나님께서 그 도시의 불의한 행위들을 기억하셨기 때문이다. 그 도시는 성도들과 사도들과 선지자들의 피를 마시며 자신의 음행의 포도주로 세상을 취하게 만들었던 것이다. 그 도시는 땅의 왕들과 음행하며, 자신의 사치를 위해 공급되는 여러 가지 상품으로 무역상들을 부자로 만들고, 자신의 권력과 아름다움이 영원할 것이라 확신하는 가운데 느긋하게 욕망의 열매를 즐기고 있었다. 영원히 계속될 것 같은 제국의 수도가 일시에 무너지자 땅의 왕들과 상인들과 뱃사람들은 가슴을 치며 통곡한다. 땅의 왕들은 더 이상 그녀와 음행을 즐길 수 없게 되었고, 상인들은 더 이상 자기들의 물건을 팔아 부를 축적할 수 없게 되었고, 뱃사람들은 더 이상 그 도시의 화려한 문화를 즐길 수 없게 되었기 때문이다. 그 도시는 여러 가지 기술과 재주를 가진 자들에게 풍부한 직업의 기회를 제공하는 경제활동의 중심지였고, 기타 치는 자들과 노래하는 가수들과 피리 부는 자들과 나팔 부는 자들이 활동하는 예술의 중심지였고, 화려한 도시의 불빛이 꺼지지 않는 문화의 중심지였고, 젊은 남녀들에게는 결혼 생활의 보금자리였고 또한 맷돌 돌리는 소리가 들려오는 가정의 평화가 있는 장소였다. 그 큰 제국의 수도는 전무후무한 영광으로 빛나는 도시이며 그 어떤 세계적인 도시도 비교 불가능할 정도로 위대한 도시로 칭송을 받는, 인간의 물질 문명의 상징과도 같은 존재였다. 그 도시는 모든 형태의 상품이 흘러넘치고 소비되는 풍요와 번영의 장소인 반면에 사창가와 노예시장에서는 인간의 육체들이 매매되고, 심지어는 배부른 군중의 무료함을 달래주기 위한 수단으로 검투사들의 목숨까지도 거래되었는데, 이들 중 대부분은 제국의 군사력에 정복당한 나라에서 잡혀 온 포로들이었다. 겉으로 아름답고 화려한 제국의 수도는 속으로는 이미 병들고 미쳐가고 있었던 것이다. 그것은 폭력과 섹스와 돈의 카르텔 위에 세워진 그 도시의 피할 수 없는 운명이었다. 이 세상의 모든 국가나 도시는 영원할 수 없다. 그것은 흥망성쇠를 거듭하면서 모습을 바꾸지만, 본질은 변하지 않는다. 세상은 결코 자신의 근본적인 한계와 모순을 극복하지 못하고 결국은 멸망을 향하여 달려간다. 왜냐하면 그것은 하나님의 아가페 사랑의 인격적 생명에서 떠나서 영원히 충족되지 않는 욕망의 굴레에 사로잡힌 노예 제도이기 때문이다.

어린양의 신부와 하늘의 군대

계 19:1-21

19:1

Μετὰ ταῦτα ἤκουσα ὡς φωνὴν μεγάλην ὄχλου πολλοῦ ἐν τῷ οὐρανῷ
λεγόντων·

ἀλληλουϊά·

ἡ σωτηρία καὶ ἡ δόξα καὶ ἡ δύναμις τοῦ θεοῦ ἡμῶν,

이 일들 후에 나는 하늘에서 말하는 많은 무리의 큰 음성 같은 것을 들었다.
"할렐루야.
우리 하나님의 구원과 영광과 능력이로다.

19:2

ὅτι ἀληθιναὶ καὶ δίκαιαι αἱ κρίσεις αὐτοῦ· ὅτι ἔκρινεν τὴν πόρνην
τὴν μεγάλην ἥτις ἔφθειρεν τὴν γῆν ἐν τῇ πορνείᾳ αὐτῆς, καὶ ἐξεδίκησεν
τὸ αἷμα τῶν δούλων αὐτοῦ ἐκ χειρὸς αὐτῆς.

이는 그의 심판들이 진실하고 의롭기 때문이다.
이는 자기의 음행으로 땅을 더럽힌 큰 창녀를 심판하시고, 그의 종들의
피를 그녀의 손에서 갚으셨기 때문이다."

19:3

Καὶ δεύτερον εἴρηκαν·

ἀλληλουϊά·

καὶ ὁ καπνὸς αὐτῆς ἀναβαίνει εἰς τοὺς αἰῶνας τῶν αἰώνων.

그리고 그들은 두 번째 말했다.

"할렐루야.

그리고 그녀의 연기가 세세 무궁토록 올라갈 것이다."

19:4

καὶ ἔπεσαν οἱ πρεσβύτεροι οἱ εἴκοσι τέσσαρες καὶ τὰ τέσσαρα ζῷα
καὶ προσεκύνησαν τῷ θεῷ τῷ καθημένῳ ἐπὶ τῷ θρόνῳ λέγοντες·

ἀμὴν ἀλληλουϊά.

그러자 24 장로들과 네 생명체가 엎드려 보좌에 앉아 계시는 분께 경배하
며 말했다.

"아멘 할렐루야."

19:5

Καὶ φωνὴ ἀπὸ τοῦ θρόνου ἐξῆλθεν λέγουσα·

αἰνεῖτε τῷ θεῷ ἡμῶν πάντες οἱ δοῦλοι αὐτοῦ καὶ οἱ φοβούμενοι
αὐτόν, οἱ μικροὶ καὶ οἱ μεγάλοι.

그리고 보좌로부터 음성이 나오며 말했다.

"작은 자들이나 큰 자들이나 그의 종들과 그를 경외하는 자들은 모두
하나님을 찬양하라."

19:6

Καὶ ἤκουσα ὡς φωνὴν ὄχλου πολλοῦ καὶ ὡς φωνὴν ὑδάτων πολλῶν καὶ ὡς φωνὴν βροντῶν ἰσχυρῶν λεγόντων·

ἀλληλουϊά,

ὅτι ἐβασίλευσεν κύριος ὁ θεὸς ἡμῶν ὁ παντοκράτωρ.

그리고 나는 많은 무리의 소리 같고, 많은 물의 소리 같고, 힘 있는 천둥들의 소리 같은 것이 말하는 것을 들었다.

"할렐루야.

이는 우리 주 하나님 전능자가 다스리셨기 때문이다.

19:7

χαίρωμεν καὶ ἀγαλλιῶμεν καὶ δώσωμεν τὴν δόξαν αὐτῷ, ὅτι ἦλθεν ὁ γάμος τοῦ ἀρνίου καὶ ἡ γυνὴ αὐτοῦ ἡτοίμασεν ἑαυτὴν

기뻐하고 즐거워하며 그에게 영광을 드리자. 이는 어린양의 결혼식이 다가왔고 그의 아내가 자신을 단장했기 때문이다.

19:8

καὶ ἐδόθη αὐτῇ ἵνα περιβάληται βύσσινον λαμπρὸν καθαρόν· τὸ γὰρ βύσσινον τὰ δικαιώματα τῶν ἁγίων ἐστίν.

그리고 그녀에게 빛나고 깨끗한 세마포를 입는 권세가 주어졌다. 참으로 그 세마포는 성도들의 의로운 행위들이다."

19:9

Καὶ λέγει μοι·

γράψον· μακάριοι οἱ εἰς τὸ δεῖπνον τοῦ γάμου τοῦ ἀρνίου κεκλημένοι.

καὶ λέγει μοι·

οὗτοι οἱ λόγοι ἀληθινοὶ τοῦ θεοῦ εἰσιν.

그리고 그가 나에게 말한다.

"기록하라. 어린양의 혼인 잔치에 초청을 받은 자들은 행복하다."

그리고 그가 나에게 말한다.

"이것들은 하나님의 진실한 말씀들이다."

19:10

καὶ ἔπεσα ἔμπροσθεν τῶν ποδῶν αὐτοῦ προσκυνῆσαι αὐτῷ. καὶ λέγει μοι· ὅρα μή· σύνδουλός σού εἰμι καὶ τῶν ἀδελφῶν σου τῶν ἐχόντων τὴν μαρτυρίαν Ἰησοῦ· τῷ θεῷ προσκύνησον. ἡ γὰρ μαρτυρία Ἰησοῦ ἐστιν τὸ πνεῦμα τῆς προφητείας.

그리고 나는 그에게 절하기 위해 그의 발 앞에 엎드렸다. 그러자 그가 나에게 말한다.

"보라, 아니다. 나는 너의 동료 종이요, 예수의 증거를 가진 형제들의 동료 종이다. 하나님께 경배하라. 참으로 예수의 증거는 예언의 영이다."

19:11

Καὶ εἶδον τὸν οὐρανὸν ἠνεῳγμένον, καὶ ἰδοὺ ἵππος λευκὸς καὶ ὁ καθήμενος ἐπ᾽ αὐτὸν καλούμενος πιστὸς καὶ ἀληθινός, καὶ ἐν δικαιοσύνῃ κρίνει καὶ πολεμεῖ.

그리고 나는 하늘이 열린 것을 보았다. 그리고 보라, 흰말과 그 위에 앉아

있는 성실과 진실이라 불리는 자로다. 그리고 그는 의로 심판하고 전쟁할
것이다.

19:12

οἱ δὲ ὀφθαλμοὶ αὐτοῦ ὡς φλὸξ πυρός, καὶ ἐπὶ τὴν κεφαλὴν αὐτοῦ
διαδήματα πολλά, ἔχων ὄνομα γεγραμμένον ὃ οὐδεὶς οἶδεν εἰ μὴ αὐτός,

그런데 그의 눈들은 불꽃 같고, 그의 머리에는 많은 왕관이 있고, 그 자신
외에는 아무도 알지 못하는 기록된 이름을 가지고 있다.

19:13

καὶ περιβεβλημένος ἱμάτιον βεβαμμένον αἵματι, καὶ κέκληται τὸ
ὄνομα αὐτοῦ ὁ λόγος τοῦ θεοῦ.

그리고 그는 피에 적셔진 옷을 입고 있고, 그의 이름은 하나님의 말씀이라
불린다.

19:14

Καὶ τὰ στρατεύματά τὰ ἐν τῷ οὐρανῷ ἠκολούθει αὐτῷ ἐφ᾽ ἵπποις
λευκοῖς, ἐνδεδυμένοι βύσσινον λευκὸν καθαρόν.

그리고 하늘에 있는 군대들이 그를 따르고 있었는데, 그들은 희고 깨끗한
세마포를 입고 있었다.

19:15

καὶ ἐκ τοῦ στόματος αὐτοῦ ἐκπορεύεται ῥομφαία ὀξεῖα, ἵνα ἐν αὐτῇ
πατάξῃ τὰ ἔθνη, καὶ αὐτὸς ποιμανεῖ αὐτοὺς ἐν ῥάβδῳ σιδηρᾷ, καὶ

αὐτὸς πατεῖ τὴν ληνὸν τοῦ οἴνου τοῦ θυμοῦ τῆς ὀργῆς τοῦ θεοῦ τοῦ παντοκράτορος,

그리고 그의 입에서 예리한 칼이 나왔는데, 그는 그것으로 민족들을 쳤다. 그리고 그는 쇠지팡이로 그들을 다스릴 것이다. 그리고 그는 전능자 하나님의 진노와 분노의 포도주 통을 밟을 것이다.

19:16

καὶ ἔχει ἐπὶ τὸ ἱμάτιον καὶ ἐπὶ τὸν μηρὸν αὐτοῦ ὄνομα γεγραμμένον· Βασιλεὺς βασιλέων καὶ κύριος κυρίων.

그리고 그는 그의 옷과 그의 허벅지에 기록된 이름을 가지고 있다. 왕들의 왕이요 주들의 주.

19:17

Καὶ εἶδον ἕνα ἄγγελον ἑστῶτα ἐν τῷ ἡλίῳ καὶ ἔκραξεν ἐν φωνῇ μεγάλῃ λέγων πᾶσιν τοῖς ὀρνέοις τοῖς πετομένοις ἐν μεσουρανήματι· Δεῦτε συνάχθητε εἰς τὸ δεῖπνον τὸ μέγα τοῦ θεοῦ

그리고 나는 한 천사가 해 가운데 서 있는 것을 보았다. 그리고 그가 공중에 날아다니는 모든 새에게 큰 소리로 외치며 말했다.
"와서 하나님의 큰 잔치에 모여라.

19:18

ἵνα φάγητε σάρκας βασιλέων καὶ σάρκας χιλιάρχων καὶ σάρκας ἰσχυρῶν καὶ σάρκας ἵππων καὶ τῶν καθημένων ἐπ᾽ αὐτῶν καὶ σάρκας πάντων ἐλευθέρων τε καὶ δούλων καὶ μικρῶν καὶ μεγάλων.

그리하여 왕들의 살과 천인대장들의 살과 힘센 자들의 살과 말들과 그 위에 앉아 있는 자들의 살과 모든 자유인과 종들과 작은 자들과 큰 자들의 살을 먹으라."

19:19

Καὶ εἶδον τὸ θηρίον καὶ τοὺς βασιλεῖς τῆς γῆς καὶ τὰ στρατεύματα αὐτῶν συνηγμένα ποιῆσαι τὸν πόλεμον μετὰ τοῦ καθημένου ἐπὶ τοῦ ἵππου καὶ μετὰ τοῦ στρατεύματος αὐτοῦ.

그리고 나는 짐승과 땅의 왕들과 그들의 군대들이 말 위에 앉아 있는 자와 그의 군대와 더불어 전쟁하기 위해 모여 있는 것을 보았다.

19:20

καὶ ἐπιάσθη τὸ θηρίον καὶ μετ᾽ αὐτοῦ ὁ ψευδοπροφήτης ὁ ποιήσας τὰ σημεῖα ἐνώπιον αὐτοῦ, ἐν οἷς ἐπλάνησεν τοὺς λαβόντας τὸ χάραγμα τοῦ θηρίου καὶ τοὺς προσκυνοῦντας τῇ εἰκόνι αὐτοῦ· ζῶντες ἐβλήθησαν οἱ δύο εἰς τὴν λίμνην τοῦ πυρὸς τῆς καιομένης ἐν θείῳ.

그리고 짐승과 그 앞에서 표적들을 행하여 그것들로 짐승의 표를 받은 자들과 그것의 형상에게 경배한 자들을 미혹한 거짓 선지자가 잡혔다. 그 둘은 산 채로 유황으로 타는 불의 연못에 던져졌다.

19:21

καὶ οἱ λοιποὶ ἀπεκτάνθησαν ἐν τῇ ῥομφαίᾳ τοῦ καθημένου ἐπὶ τοῦ ἵππου τῇ ἐξελθούσῃ ἐκ τοῦ στόματος αὐτοῦ, καὶ πάντα τὰ ὄρνεα ἐχορτάσθησαν ἐκ τῶν σαρκῶν αὐτῶν.

그리고 남은 자들은 말 위에 앉아 있는 자의 입에서 나오는 칼에 죽임을 당했다. 그리고 모든 새가 그들의 살로 배를 채웠다.

해설

    온 세상을 자신의 음행의 포도주로 취하게 만들던 큰 창녀는 하나님의 심판의 불 속에 세세토록 타오르는 연기가 된다. 한편 하늘에서는 어린양의 결혼식이 다가오고, 어린양의 신부는 빛나고 깨끗한 세마포를 입고 신랑을 위하여 자신을 단장한다. 여기서 큰 창녀는 땅에 있는 도시를 가리키고, 어린양의 신부는 하늘에 있는 도시를 가리킨다. 땅에 있는 도시는 권력을 숭배하고 자신의 사치와 관능의 열매를 즐기며 세상을 지배하는 섹스의 여왕이고, 하늘에 있는 도시는 성결함과 의로움으로 하나님을 섬기는 예수 그리스도의 교회다. 교회의 신랑인 예수 그리스도는 피에 적셔진 옷을 입고, 머리에는 승리의 왕관을 쓰고, 흰말을 타고 있다. 그는 성실하고 진실한 자요, 하나님의 말씀이요, 만왕의 왕이요, 만주의 주요, 의로 심판하고 전쟁하는 자다. 그는 그의 입에서 나오는 성령의 검인 하나님의 말씀으로 모든 민족을 성복하며 하나님의 진노와 분노의 포도주 통을 밟는다. 어린양의 군대는 희고 깨끗한 세마포를 입고 흰말을 타고 예수 그리스도를 따라 전쟁터로 달려가는데, 이들은 예수 그리스도의 몸인 교회이며 어린양 예수 그리스도의 신부다. 이들은 짐승과 거짓 선지자를 붙잡아 산채로 유황불 속에 던진다. 그러므로 예수 그리스도의 몸인 교회는 전쟁하는 교회이며 승리하는 교회다. 하늘의 군대인 교회에게 필요한 것은 용기와 인내와 충성심이다.

    가짜 삼위일체 사기꾼들 중에서 둘이 유황불 속에 던져졌고 남은

것은 그들의 우두머리인 사탄이다. 이제 욕망과 허영심의 화신이요
온 인류를 미혹하고 죄와 저주와 사망의 권세로 세상을 지배하던 사탄
에 대한 하나님의 심판의 때가 얼마 남지 않았다.

천년왕국과 곡과 마곡의 전쟁

계 20:1-15

20:1

Καὶ εἶδον ἄγγελον καταβαίνοντα ἐκ τοῦ οὐρανοῦ ἔχοντα τὴν κλεῖν τῆς ἀβύσσου καὶ ἅλυσιν μεγάλην ἐπὶ τὴν χεῖρα αὐτοῦ.

그리고 나는 그의 손에 무저갱의 열쇠와 큰 쇠사슬을 가지고 있는 천사가 하늘로부터 내려오는 것을 보았다.

20:2

καὶ ἐκράτησεν τὸν δράκοντα, ὁ ὄφις ὁ ἀρχαῖος, ὅς ἐστιν Διάβολος καὶ ὁ Σατανᾶς, καὶ ἔδησεν αὐτὸν χίλια ἔτη

그리고 그는 용, 곧 오래된 뱀을 잡았는데, 그것은 마귀요 사탄이다. 그리고 그는 그것을 1,000년 동안 결박했다.

20:3

καὶ ἔβαλεν αὐτὸν εἰς τὴν ἄβυσσον καὶ ἔκλεισεν καὶ ἐσφράγισεν ἐπάνω αὐτοῦ, ἵνα μὴ πλανήσῃ ἔτι τὰ ἔθνη ἄχρι τελεσθῇ τὰ χίλια ἔτη. μετὰ ταῦτα δεῖ λυθῆναι αὐτὸν μικρὸν χρόνον.

그리고 그는 그것을 무저갱에 던지고 닫았다. 그리고 1,000년이 끝날 때까지 그것이 민족들을 미혹하지 못하도록 그 위에 봉인했다. 이 일들 후에 그것은 반드시 잠깐 풀려날 것이다.

20:4

Καὶ εἶδον θρόνους καὶ ἐκάθισαν ἐπ᾽ αὐτοὺς καὶ κρίμα ἐδόθη αὐτοῖς, καὶ τὰς ψυχὰς τῶν πεπελεκισμένων διὰ τὴν μαρτυρίαν Ἰησοῦ καὶ διὰ τὸν λόγον τοῦ θεοῦ καὶ οἵτινες οὐ προσεκύνησαν τὸ θηρίον οὐδὲ τὴν εἰκόνα αὐτοῦ καὶ οὐκ ἔλαβον τὸ χάραγμα ἐπὶ τὸ μέτωπον καὶ ἐπὶ τὴν χεῖρα αὐτῶν. καὶ ἔζησαν καὶ ἐβασίλευσαν μετὰ τοῦ Χριστοῦ χίλια ἔτη.

그리고 나는 보좌들을 보았다. 그리고 사람들이 그 위에 앉아 있었고 그들에게 심판이 주어졌는데, 그들은 예수의 증거와 하나님의 말씀 때문에 목 잘린 사람들의 영혼들이다. 그리고 짐승이나 그것의 형상에게 경배하지 않고 자기들의 이마나 손에 표를 받지 않은 자들이 살아나서 그리스도와 함께 1,000년 동안 다스렸다.

20:5

οἱ λοιποὶ τῶν νεκρῶν οὐκ ἔζησαν ἄχρι τελεσθῇ τὰ χίλια ἔτη. Αὕτη ἡ ἀνάστασις ἡ πρώτη.

죽은 자들 중의 남은 자들은 1,000년 끝날 때까지 살아나지 못했다. 이것이 첫 번째 부활이다.

20:6

μακάριος καὶ ἅγιος ὁ ἔχων μέρος ἐν τῇ ἀναστάσει τῇ πρώτῃ· ἐπὶ τούτων ὁ δεύτερος θάνατος οὐκ ἔχει ἐξουσίαν, ἀλλ᾽ ἔσονται ἱερεῖς τοῦ θεοῦ καὶ τοῦ Χριστοῦ καὶ βασιλεύσουσιν μετ᾽ αὐτοῦ τὰ χίλια ἔτη.

첫 번째 부활에 몫을 가지고 있는 자는 행복하고 거룩하다. 그들 위에 두 번째 죽음이 권세를 갖지 못하고, 대신에 그들은 하나님과 그리스도의 제사장들이 되어 그와 함께 1,000년 동안 다스릴 것이다.

20:7

Καὶ ὅταν τελεσθῇ τὰ χίλια ἔτη, λυθήσεται ὁ σατανᾶς ἐκ τῆς φυλακῆς αὐτοῦ

그리고 1,000년이 끝났을 때 사탄이 그의 감옥에서 풀려날 것이다.

20:8

καὶ ἐξελεύσεται πλανῆσαι τὰ ἔθνη τὰ ἐν ταῖς τέσσαρσιν γωνίαις τῆς γῆς, τὸν Γὼγ καὶ Μαγώγ, συναγαγεῖν αὐτοὺς εἰς τὸν πόλεμον, ὧν ὁ ἀριθμὸς αὐτῶν ὡς ἡ ἄμμος τῆς θαλάσσης.

그리고 그것은 땅의 사방에서 민족들을, 곧 곡과 마곡을 미혹하여 그들을 전쟁터로 모으기 위해 나갈 것인데, 그들의 숫자는 바다의 모래와 같다.

20:9

καὶ ἀνέβησαν ἐπὶ τὸ πλάτος τῆς γῆς καὶ ἐκύκλευσαν τὴν παρεμβολὴν τῶν ἁγίων καὶ τὴν πόλιν τὴν ἠγαπημένην, καὶ κατέβη πῦρ ἐκ τοῦ οὐρανοῦ καὶ κατέφαγεν αὐτούς.

그리고 그들은 땅을 가득 채우며 올라와 성도들의 진영과 사랑받는 도시를 에워쌌다. 그러자 하늘로부터 불이 내려와 그들을 삼켰다.

20:10

καὶ ὁ διάβολος ὁ πλανῶν αὐτοὺς ἐβλήθη εἰς τὴν λίμνην τοῦ πυρὸς καὶ θείου ὅπου καὶ τὸ θηρίον καὶ ὁ ψευδοπροφήτης, καὶ βασανισθήσονται ἡμέρας καὶ νυκτὸς εἰς τοὺς αἰῶνας τῶν αἰώνων.

그리고 마귀, 곧 그들을 미혹하는 자는 짐승과 거짓 선지자가 있는 불과 유황의 연못 속에 던져졌다. 그리고 그들은 세세 무궁토록 밤낮으로 고문 당할 것이다.

20:11

Καὶ εἶδον θρόνον μέγαν λευκὸν καὶ τὸν καθήμενον ἐπ᾽ αὐτόν, οὗ ἀπὸ τοῦ προσώπου ἔφυγεν ἡ γῆ καὶ ὁ οὐρανὸς καὶ τόπος οὐχ εὑρέθη αὐτοῖς.

그리고 나는 크고 흰 보좌와 그 위에 앉아 계시는 분을 보았는데, 그의 얼굴로부터 땅과 하늘이 도망쳤고, 그것들에게 장소가 발견되지 않았다.

20:12

καὶ εἶδον τοὺς νεκρούς, τοὺς μεγάλους καὶ τοὺς μικρούς, ἑστῶτας ἐνώπιον τοῦ θρόνου. καὶ βιβλία ἠνοίχθησαν, καὶ ἄλλο βιβλίον ἠνοίχθη, ὅ ἐστιν τῆς ζωῆς, καὶ ἐκρίθησαν οἱ νεκροὶ ἐκ τῶν γεγραμμένων ἐν τοῖς βιβλίοις κατὰ τὰ ἔργα αὐτῶν.

그리고 나는 죽은 자들, 곧 큰 자들과 작은 자들이 보좌 앞에서 있는 것을 보았다. 그리고 다른 책이 열려 있었는데, 그것은 생명의 책이다. 죽은 자들이 책들 속에 기록되어 있는 대로 그들의 행위들을 따라 심판을 받았다.

20:13

καὶ ἔδωκεν ἡ θάλασσα τοὺς νεκροὺς τοὺς ἐν αὐτῇ καὶ ὁ θάνατος καὶ ὁ ᾅδης ἔδωκαν τοὺς νεκροὺς τοὺς ἐν αὐτοῖς, καὶ ἐκρίθησαν ἕκαστος κατὰ τὰ ἔργα αὐτῶν.

바다가 그 안에 있는 죽은 자들을 주었고, 사망과 음부도 그것들 안에 있는 죽은 자들을 주었다. 그리고 각자 그들의 행위들을 따라 심판받았다.

20:14

καὶ ὁ θάνατος καὶ ὁ ᾅδης ἐβλήθησαν εἰς τὴν λίμνην τοῦ πυρός. οὗτος ὁ θάνατος ὁ δεύτερός ἐστιν, ἡ λίμνη τοῦ πυρός.

그리고 사망과 음부는 불의 연못에 던져졌다.

20:15

καὶ εἴ τις οὐχ εὑρέθη ἐν τῇ βίβλῳ τῆς ζωῆς γεγραμμένος, ἐβλήθη εἰς τὴν λίμνην τοῦ πυρός.

그리고 누가 생명의 책에서 발견되지 않으면 그는 불의 연못에 던져졌다.

해설

역사의 종말에 일어날 사건을 순서대로 정리하면 다음과 같다.

천년왕국 → 곡과 마곡의 전쟁 → 흰 보좌 심판 → 옛 세상의 종말 → 새하늘
과 새땅 → 어린양의 결혼식 → 성령과 신부가 하나 됨 → 하나님 나라

이때 죽은 자들의 부활이 일어나는데, 부활에는 두 종류가 있다.
하나는 생명의 부활이고, 다른 하나는 심판의 부활이다.

생명의 부활은 그리스도의 통치인 천년왕국에 참여하는 첫 번째
부활로서 새하늘과 새땅에 들어가며 어린양의 결혼식에 초청받는
영원한 축복의 부활이다. 반면에 심판의 부활은 흰 보좌 심판에 끌려
가는 부활로서 두 번째 사망이며 사탄과 함께 유황불 속에 던져지는
영원한 저주의 부활이다. 여기서 문제가 되는 것은 예수 재림과 천년
왕국에 대한 해석이다.

첫째, 예수 재림을 성령 강림으로 해석하면 천년왕국은 교회의
시대가 되고 첫 번째 부활은 영적인 부활인 중생을 의미하게 된다.
교회는 천년 동안 큰 권세를 가지고 세상을 통치하며 세상 속에 그리
스도의 나라를 세워간다. 그러나 천년 후 교회의 힘이 약해지고 기독
교 신앙이 해체되는 시기가 오면 무저갱에 갇혀 있던 사탄이 풀려나
교회를 공격한다. 이때 사탄은 모든 세력을 규합하여 교회를 무너뜨
리기 위해 사방에서 교회를 포위한다. 그러나 하늘에서 성령의 불이

내려와 대적자들을 삼킴으로 교회는 하나님의 은혜로 구원받게 된다. 이것은 교회의 관점에서 해석한 실존적 종말론이다.

둘째, 예수 재림을 미래에 일어날 사건으로 해석하면 천년왕국은 예수 그리스도의 정치권력이 되고 첫 번째 부활은 육체의 부활이 된다. 이때 교회는 천년 동안 그리스도와 함께 심판의 보좌에 앉아 땅을 더럽히고 타락시킨 죄의 세력들에 대한 전범재판을 실시한다. 천년이 지난 후 하나님께서는 잠시 무저갱에 갇혀 있던 사탄을 풀어주어 숨어 있는 잔당 세력을 끌어모아 최후의 일전을 준비하도록 유도한다. 그리고 그들이 그리스도의 교회를 사방에서 포위하고 무너뜨리려고 할 때 하늘에서 성령의 불이 내려와 그들을 삼킴으로써 사탄의 세력은 종말을 고한다. 이것은 정치적 관점에서 해석한 역사적 종말론이다.

이 두 가지 경우 모두 천년왕국은 승리한 성도들이 예수 그리스도와 함께 보좌에 앉아 심판하는 권세를 행사하는 일정한 기간으로서 영원한 천국을 향하여 나아가는 중간 단계다. 이 중간 단계가 끝나면 사탄이 풀려나 활동을 재개하게 되는데, 이때 사탄은 기회를 틈타 예수 그리스도의 교회를 파멸시키기 위해 모든 반역 세력을 결집하여 포위 공격한다. 이것이 사탄의 마지막 저항인 곡과 마곡의 전쟁이다. 그러나 하늘에서 성령의 불이 내려와 어린양의 신부인 교회를 사탄의 세력으로부터 보호한다. 사탄과 그의 추종 세력들은 예수 그리스도의 입에서 나오는 말씀으로 섬멸되고 산 채로 유황불 속에 던져져 영원한 저주와 형벌 속으로 들어간다. 그때 온 인류의 원수인 사망과 음부도 함께 영원한 불 속에 던져진다. 옛 세상은 하나님의 얼굴 앞에서 사라지고 새하늘과 새땅이 펼쳐진다. 그리고 하늘에서 하나님께로부터 아름답게 단장한 어린양의 신부인 거룩한 도시 새예루살렘이 내려오고, 드디어 어린양의 영화로운 혼인 잔치가 시작된다. 어린양의 아내와 성령은 한 몸이 되어 새하늘과 새땅을 차지한다. 하나님의 나라가 이루어진 것이다.

새하늘과 새땅

계 21:1-8

21:1

Καὶ εἶδον οὐρανὸν καινὸν καὶ γῆν καινήν. ὁ γὰρ πρῶτος οὐρανὸς καὶ ἡ πρώτη γῆ ἀπῆλθαν καὶ ἡ θάλασσα οὐκ ἔστιν ἔτι.

그리고 나는 새하늘과 새땅을 보았다. 왜냐하면 처음 하늘과 처음 땅이 떠나갔고, 바다가 더 이상 존재하지 않기 때문이다.

21:2

καὶ τὴν πόλιν τὴν ἁγίαν Ἰερουσαλὴμ καινὴν εἶδον καταβαίνουσαν ἐκ τοῦ οὐρανοῦ ἀπὸ τοῦ θεοῦ ἡτοιμασμένην ὡς νύμφην κεκοσμημένην τῷ ἀνδρὶ αὐτῆς.

그리고 나는 거룩한 도시 새예루살렘이 자기 남편을 위하여 화장한 신부처럼 단장하고 하늘로부터 하나님에게서 내려오는 것을 보았다.

21:3

καὶ ἤκουσα φωνῆς μεγάλης ἐκ τοῦ θρόνου λεγούσης·

ἰδοὺ ἡ σκηνὴ τοῦ θεοῦ μετὰ τῶν ἀνθρώπων, καὶ σκηνώσει μετ᾽ αὐτῶν, καὶ αὐτοὶ λαοὶ αὐτοῦ ἔσονται, καὶ αὐτὸς ὁ θεὸς μετ᾽ αὐτῶν ἔσται᾽ αὐτῶν θεός,

그리고 나는 보좌로부터 말씀하시는 큰 음성을 들었다.

"보라, 하나님의 장막이 사람들과 함께 있도다. 그리고 그는 그들과 함께 장막을 치실 것이다. 그리고 그들은 그의 백성이 될 것이고, 그 자신이 그들과 함께 계시고 그들의 하나님이 되실 것이다.

21:4

καὶ ἐξαλείψει πᾶν δάκρυον ἐκ τῶν ὀφθαλμῶν αὐτῶν, καὶ ὁ θάνατος οὐκ ἔσται ἔτι οὔτε πένθος οὔτε κραυγὴ οὔτε πόνος οὐκ ἔσται ἔτι, ὅτι τὰ πρῶτα ἀπῆλθαν.

그리고 그는 그들의 눈에서 모든 눈물을 닦아주실 것이다. 그리고 사망이 더 이상 없을 것이고, 슬픔이나 울부짖음이나 아픔도 더 이상 없을 것인데, 이는 처음 것들이 떠나갔기 때문이다."

21:5

Καὶ εἶπεν ὁ καθήμενος ἐπὶ τῷ θρόνῳ·

ἰδοὺ καινὰ ποιῶ πάντα

καὶ λέγει·

γράψον, ὅτι οὗτοι οἱ λόγοι πιστοὶ καὶ ἀληθινοί εἰσιν.

그리고 보좌 위에 앉아 계시는 분이 말씀하셨다.

"보라, 내가 만물을 새롭게 만든다."

그리고 말씀하신다.

"기록하라. 이는 이 말들은 성실하고 진실하기 때문이다."

21:6

καὶ εἶπέν μοι·

γέγοναν. ἐγώ εἰμι τὸ ἄλφα καὶ τὸ ὦ, ἡ ἀρχὴ καὶ τὸ τέλος. ἐγὼ τῷ διψῶντι δώσω ἐκ τῆς πηγῆς τοῦ ὕδατος τῆς ζωῆς δωρεάν.

그리고 그가 나에게 말씀하셨다.

"기록하라. 나는 알파와 오메가요, 시작과 끝이다. 나는 목마른 자에게 생명수의 샘으로부터 거저 줄 것이다.

21:7

ὁ νικῶν κληρονομήσει ταῦτα καὶ ἔσομαι αὐτῷ θεὸς καὶ αὐτὸς ἔσται μοι υἱός.

승리하는 자는 이것들을 상속받을 것이다. 그리고 나는 그에게 하나님이 되고 그는 나에게 아들이 될 것이다.

21:8

τοῖς δὲ δειλοῖς καὶ ἀπίστοις καὶ ἐβδελυγμένοις καὶ φονεῦσιν καὶ πόρνοις καὶ φαρμάκοις καὶ εἰδωλολάτραις καὶ πᾶσιν τοῖς ψευδέσιν τὸ μέρος αὐτῶν ἐν τῇ λίμνῃ τῇ καιομένῃ πυρὶ καὶ θείῳ, ὅ ἐστιν ὁ θάνατος ὁ δεύτερος.

그러나 비겁한 자들과 불성실한 자들과 음행하는 자들과 마술하는 자들과 우상 숭배자들과 모든 거짓말쟁이에게는 불과 유황으로 타는 불 속에 그들의 몫이 있다."

드디어 옛 세상은 사라지고 새하늘과 새땅이 펼쳐진다. 처음 하늘과 처음 땅은 하나님의 얼굴 앞에서 도망쳤고 죽음의 바다는 더 이상 존재하지 않는다. 죄로 오염된 물질 세계는 부끄러워하며 하나님 앞을 떠나간 것이다. 이제 하나님께서는 모든 것을 새롭게 만드셨고 옛것은 하나도 없다. 완전히 새로운 세상이요, 완전히 새로운 인간존재의 탄생이요, 완전히 새로운 역사의 출발이다. 그것은 만물이 하나님을 아는 지식으로 충만한 세계이며, 하나님의 의와 영광, 지혜와 능력의 탁월함이 세세 무궁토록 아름답게 펼쳐지는 새로운 세계다. 하나님께서는 승리하는 자에게 새하늘과 새땅에 있는 세 가지를 약속하신다.

첫째는 새예루살렘, 둘째는 하나님의 장막, 셋째는 생명수 샘물이다.

첫째, 새예루살렘은 새하늘과 새땅에 있는 거룩한 도시로서 아름다운 보석들로 단장한 어린양 예수 그리스도의 신부인 교회다. 옛 세상은 사라졌으나 그리스도의 신부인 교회는 거기서 살아남아 새하늘과 새땅에 도착하는 데 성공했다. 거기에 속한 자들은 그리스도를 향한 믿음의 순수성을 지키고 승리하여 마침내 새하늘과 새땅을 상속받은 자들이다. 그들은 많은 눈물과 슬픔과 울부짖음과 아픔 속에서 때로는 죽음을 뚫고 하나님께서 약속하신 나라를 향해 전진했던 것이다. 이제 그들에게는 하나님의 따뜻한 위로의 손길이 기다리고 있다.

둘째, 하나님의 장막은 거룩한 도시 새예루살렘 안에 있는 성전으로 영광의 본체이신 성 삼위일체 하나님 자신을 가리킨다. 이것은 하나님의 약속 중에서 가장 중요하고 근본적인 것이다. 아무리 아름답고 신비로운 물질 세계가 눈앞에 펼쳐져 있으면 무슨 소용인가! 거기에 하나님이 계시지 않는다면 그런 것은 아무런 의미가 없다. 우리의 믿음과 사랑과 희망의 유일한 목표는 성 삼위일체 진리의 하나님 한 분이다. 인간이 에덴동산에서 쫓겨난 이후 인류의 모든 불행의 뿌리는 더 이상 하나님의 얼굴을 볼 수 없는 것이었다. 이제 승리한 성도들은 거룩하고 아름다운 도시에서 항상 하나님의 얼굴을 볼 수 있을 뿐 아니라, 영원한 성전이신 그의 영광의 본체 속으로 들어가 하나님의 거룩하심과 의로우심과 위대하심을 바라보며 찬양하게 될 것이다.

셋째, 생명수 샘물은 영원한 성전이신 하나님의 영광의 본체와 부활하신 예수 그리스도의 몸에서 흘러나오는 성령이다. 성령의 생수는 하나님과 예수 그리스도에게서 나와 거룩한 도시를 가로지르는 강물이 되어 강가에 생명의 나무들이 자라게 하고 생명의 열매를 맺게 하는 생명의 근원이요 거룩한 에너지다. 거룩한 도시에 사는 자들은 이 생수를 마시고 생명나무의 열매를 먹으며 영생을 누린다.

그러므로 새하늘과 새땅을 상속받은 자들에게 약속하신 하나님의 선물은 바로 하나님 자신이라는 것을 알 수 있다. 오직 그만이 우리의 유일한 믿음과 희망과 사랑의 대상이다.

새예루살렘

계 21:9-22:5

21:9

Καὶ ἦλθεν εἷς ἐκ τῶν ἑπτὰ ἀγγέλων τῶν ἐχόντων τὰς ἑπτὰ φιάλας τῶν γεμόντων τῶν ἑπτὰ πληγῶν τῶν ἐσχάτων καὶ ἐλάλησεν μετ᾽ ἐμοῦ λέγων· δεῦρο, δείξω σοι τὴν νύμφην τὴν γυναῖκα τοῦ ἀρνίου.

그리고 일곱 개의 재앙이 가득 찬 일곱 개의 대접을 가지고 있는 일곱 천사 중 하나가 와서 나와 함께 이야기하며 말했다.

"오라, 내가 너에게 어린양의 아내인 신부를 보여주겠다."

21:10

καὶ ἀπήνεγκέν με ἐν πνεύματι ἐπὶ ὄρος μέγα καὶ ὑψηλόν, καὶ ἔδειξέν μοι τὴν πόλιν τὴν ἁγίαν Ἰερουσαλὴμ καταβαίνουσαν ἐκ τοῦ οὐρανοῦ ἀπὸ τοῦ θεοῦ

그리고 그는 나를 성령으로 크고 높은 산으로 데리고 가서 하늘로부터 하나님에게서 내려오는 거룩한 도시 새예루살렘을 보여주었는데,

21:11

ἔχουσαν τὴν δόξαν τοῦ θεοῦ, ὁ φωστὴρ αὐτῆς ὅμοιος λίθῳ

τιμιωτάτῳ ὡς λίθῳ ἰάσπιδι κρυσταλλίζοντι.

그것은 하나님의 영광을 가지고 있었고, 그 도시의 빛은 야스피스 같은
보석 같았다.

21:12

ἔχουσα τεῖχος μέγα καὶ ὑψηλόν, ἔχουσα πυλῶνας δώδεκα καὶ ἐπὶ
τοῖς πυλῶσιν ἀγγέλους δώδεκα καὶ ὀνόματα ἐπιγεγραμμένα, ἅ ἐστιν
ʺτὰ ὀνόματαʺ τῶν δώδεκα φυλῶν υἱῶν Ἰσραήλ·

그리고 그 도시는 크고 높은 성벽을 가지고 있었고, 열두 개의 문을 가지고
있었는데, 그 문들에는 열두 천사가 있었고, 이스라엘 열두 지파의 이름
이 기록되어 있었다.

21:13

ἀπὸ ἀνατολῆς πυλῶνες τρεῖς καὶ ἀπὸ βορρᾶ πυλῶνες τρεῖς καὶ ἀπὸ
νότου πυλῶνες τρεῖς καὶ ἀπὸ δυσμῶν πυλῶνες τρεῖς.

동쪽에 문들이 세 개, 북쪽에 문들이 세 개, 남쪽에 문들이 세 개, 서쪽에
문들이 세 개 있었다.

21:14

καὶ τὸ τεῖχος τῆς πόλεως ἔχων θεμελίους δώδεκα καὶ ἐπ᾽ αὐτῶν
δώδεκα ὀνόματα τῶν δώδεκα ἀποστόλων τοῦ ἀρνίου.

그리고 그 도시의 성벽은 열두 개의 기초를 가지고 있고 그것들 위에는
어린양의 열두 사도들의 이름이 있었다.

21:15

Καὶ ὁ λαλῶν μετ᾽ ἐμοῦ εἶχεν μέτρον κάλαμον χρυσοῦν, ἵνα μετρήσῃ
τὴν πόλιν καὶ τοὺς πυλῶνας αὐτῆς καὶ τὸ τεῖχος αὐτῆς.

그리고 나와 함께 이야기하던 천사는 금으로 된 갈대자를 가지고 있었는
데, 이는 그 도시와 그 도시의 문들과 그 도시의 성벽을 측량하기 위함이
었다.

21:16

καὶ ἡ πόλις τετράγωνος κεῖται καὶ τὸ μῆκος αὐτῆς ὅσον καὶ τὸ
πλάτος. καὶ ἐμέτρησεν τὴν πόλιν τῷ καλάμῳ ἐπὶ σταδίων δώδεκα
χιλιάδων, τὸ μῆκος καὶ τὸ πλάτος καὶ τὸ ὕψος αὐτῆς ἴσα ἐστίν.

그리고 그 도시는 네 모퉁이가 놓였고 그것의 길이는 폭과 같았다. 그리고
그 천사는 갈대로 그 도시를 측량하였는데 12,000스타디온(2,400km)
이었고 그것의 길이와 폭과 높이가 같았다.

21:17

καὶ ἐμέτρησεν τὸ τεῖχος αὐτῆς ἑκατὸν τεσσεράκοντα τεσσάρων
πηχῶν μέτρον ἀνθρώπου, ὅ ἐστιν ἀγγέλου.

그리고 그 천사는 사람의 측량, 곧 천사의 측량으로 그 도시의 성벽을
재었는데 144큐빗(72m)이었다.

21:18

καὶ ἡ ἐνδώμησις τοῦ τείχους αὐτῆς ἴασπις καὶ ἡ πόλις χρυσίον
καθαρὸν ὅμοιον ὑάλῳ καθαρῷ.

그리고 그 도시의 성벽의 재료는 야스피스였고 그 도시는 깨끗한 유리같이 깨끗한 금이었다.

21:19

οἱ θεμέλιοι τοῦ τείχους τῆς πόλεως παντὶ λίθῳ τιμίῳ κεκοσμημένοι· ὁ θεμέλιος ὁ πρῶτος ἴασπις, ὁ δεύτερος σάπφιρος, ὁ τρίτος χαλκηδών, ὁ τέταρτος σμάραγδος,

그 도시의 성벽의 기초들은 모두 보석으로 단장했는데, 첫 번째 기초는 야스피스, 두 번째는 사피로스, 세 번째는 스마라그도스,

21:20

ὁ πέμπτος σαρδόνυξ, ὁ ἕκτος σάρδιον, ὁ ἕβδομος χρυσόλιθος, ὁ ὄγδοος βήρυλλος, ὁ ἔνατος τοπάζιον, ὁ δέκατος χρυσόπρασος, ὁ ἐνδέκατος ὑάκινθος, ὁ δωδέκατος ἀμέθυστος,

다섯 번째는 사르도닉스, 여섯 번째는 사르디온, 일곱 번째는 크리소뤼도스, 여덟 번째는 베륄로스, 아홉 번째는 토파지온, 열 번째는 크리소프라소스, 열한 번째는 휘아킨도스, 열두 번째는 아메뒤스토스다.

21:21

καὶ οἱ δώδεκα πυλῶνες δώδεκα μαργαρῖται, ἀνὰ εἷς ἕκαστος τῶν πυλώνων ἦν ἐξ ἑνὸς μαργαρίτου. καὶ ἡ πλατεῖα τῆς πόλεως χρυσίον καθαρὸν ὡς ὕαλος διαυγής.

그리고 열두 개의 문들은 열두 개의 진주들인데, 문들의 하나하나가 한 개의 진주로 되어 있었다. 그리고 도시의 거리는 맑은 유리 같은 깨끗한

금으로 되어 있었다.

21:22

Καὶ ναὸν οὐκ εἶδον ἐν αὐτῇ, ὁ γὰρ κύριος ὁ θεὸς ὁ παντοκράτωρ ναὸς αὐτῆς ἐστιν καὶ τὸ ἀρνίον.

그리고 나는 그 도시에서 성전을 보지 못했는데, 이는 주 하나님 전능자와 어린양이 그 도시의 성전이기 때문이다.

21:23

καὶ ἡ πόλις οὐ χρείαν ἔχει τοῦ ἡλίου οὐδὲ τῆς σελήνης ἵνα φαίνωσιν αὐτῇ, ἡ γὰρ δόξα τοῦ θεοῦ ἐφώτισεν αὐτήν, καὶ ὁ λύχνος αὐτῆς τὸ ἀρνίον.

그리고 그 도시는 그것을 비추기 위해 해나 달이 필요 없었는데, 이는 하나님의 영광이 그것을 비추고 있었고 어린양이 그 도시의 등불이기 때문이다.

21:24

καὶ περιπατήσουσιν τὰ ἔθνη διὰ τοῦ φωτὸς αὐτῆς, καὶ οἱ βασιλεῖς τῆς γῆς φέρουσιν τὴν δόξαν αὐτῶν εἰς αὐτήν,

그리고 민족들이 그 도시의 빛을 통하여 다닐 것이다. 그리고 땅의 왕들은 그 도시 안으로 그들의 영광을 가져올 것이다.

21:25

καὶ οἱ πυλῶνες αὐτῆς οὐ μὴ κλεισθῶσιν ἡμέρας, νὺξ γὰρ οὐκ ἔσται ἐκεῖ,

> 그리고 그 도시의 문들은 날마다 결코 닫히지 않을 것인데, 이는 거기에 밤이 없기 때문이다.

21:26

καὶ οἴσουσιν τὴν δόξαν καὶ τὴν τιμὴν τῶν ἐθνῶν εἰς αὐτήν.

> 그리고 사람들이 그 도시로 민족들의 영광과 존귀를 가져올 것이다.

21:27

καὶ οὐ μὴ εἰσέλθῃ εἰς αὐτὴν πᾶν κοινὸν καὶ ὃ ποιῶν βδέλυγμα καὶ ψεῦδος εἰ μὴ οἱ γεγραμμένοι ἐν τῷ βιβλίῳ τῆς ζωῆς τοῦ ἀρνίου.

> 그리고 어린양의 생명책에 기록되어 있는 자들을 제외하고는 모든 더러운 것과 가증한 일을 행하는 자와 거짓말하는 자는 결단코 그 도시에 들어가지 못한다.

22:1

Καὶ ἔδειξέν μοι ποταμὸν ὕδατος ζωῆς λαμπρὸν ὡς κρύσταλλον, ἐκπορευόμενον ἐκ τοῦ θρόνου τοῦ θεοῦ καὶ τοῦ ἀρνίου.

> 그리고 그는 나에게 하나님과 어린양의 보좌로부터 나오는 수정같이 빛나는 생명의 물의 강을 보여주었다.

22:2

ἐν μέσῳ τῆς πλατείας αὐτῆς καὶ τοῦ ποταμοῦ ἐντεῦθεν καὶ ἐκεῖθεν ξύλον ζωῆς ποιοῦν καρποὺς δώδεκα, κατὰ μῆνα ἕκαστον ἀποδιδοῦν τὸν καρπὸν αὐτοῦ, καὶ τὰ φύλλα τοῦ ξύλου εἰς θεραπείαν τῶν ἐθνῶν.

그 도시의 거리 가운데와 강의 안쪽과 바깥쪽에는 열두 개의 열매를 맺는 생명의 나무가 있었는데, 그것은 각 달마다 자기의 열매를 내어주었고, 그 나무의 잎사귀들은 민족들의 치료를 위해 사용되었다.

22:3

καὶ πᾶν κατάθεμα οὐκ ἔσται ἔτι. καὶ ὁ θρόνος τοῦ θεοῦ καὶ τοῦ ἀρνίου ἐν αὐτῇ ἔσται, καὶ οἱ δοῦλοι αὐτοῦ λατρεύσουσιν αὐτῷ

그리고 모든 저주는 없을 것이고, 그의 종들은 그를 섬길 것이다.

22:4

καὶ ὄψονται τὸ πρόσωπον αὐτοῦ, καὶ τὸ ὄνομα αὐτοῦ ἐπὶ τῶν μετώπων αὐτῶν.

그리고 그들은 그의 얼굴을 볼 것이고, 그들의 이마에는 그의 이름이 있을 것이다.

22:5

καὶ νὺξ οὐκ ἔσται ἔτι καὶ οὐκ ἔχουσιν χρείαν φωτὸς λύχνου καὶ φωτὸς ἡλίου, ὅτι κύριος ὁ θεὸς φωτίσει ἐπʼ αὐτούς, καὶ βασιλεύσουσιν εἰς τοὺς αἰῶνας τῶν αἰώνων.

그리고 밤은 더 이상 없을 것이고, 등불의 빛이나 태양의 빛은 필요 없다. 왜냐하면 주 하나님께서 그들 위에 비추실 것이고, 그들은 세세 무궁토록 다스릴 것이기 때문이다.

해설

    거룩한 도시 새예루살렘은 하나님께서 어린양 예수 그리스도를 위해 준비해 놓으신 신부다. 새예루살렘의 성벽은 정사각형의 바닥에 열두 개의 보석으로 되어 있는 열두 개의 기초를 가지고 있는데, 그 기초석에는 예수 그리스도의 열두 사도의 이름이 기록되어 있다. 새예루살렘은 길이와 폭과 높이가 각각 2,400km의 정육면체 형태이고, 성벽의 높이는 72m이며, 벽의 재료는 야스피스(재스퍼, 벽옥, 빨간색, 노란색, 진한 녹색, 잿빛 청색)로 되어 있다. 새예루살렘은 동서남북 방향으로 세 개씩 열두 개의 진주 문이 있고, 그것을 열두 천사가 지키고 있으며, 각 문에는 이스라엘 열두 지파의 이름이 써 있다. 새예루살렘 안에는 성전이 따로 없고 햇빛이나 달빛이 필요 없는데, 이는 하나님과 어린양이 친히 성전이 되시고 하나님의 영광의 빛이 만물을 비추고 있기 때문이다. 그리고 하나님과 어린양의 보좌로부터 생명의 물이 나와 도시의 한복판을 흐르는 생명의 강물이 되는데, 강의 안쪽과 바깥쪽에는 생명의 나무들이 각 달마다 열매를 맺고 그 잎사귀들은 민족들의 치료를 위해 사용된다. 민족들이 그들의 영광과 존귀를 거룩한 도시로 가지고 들어오는데, 이것은 새예루살렘의 시민권은 특별한 사람들에게만 주어진다는 것을 의미한다. 거룩한 도시의 열두 진주 문에 기록되어 있는 이스라엘 열두 지파의 이름은 이스라엘 백성이 가지고 있는 하나님 나라의 대표성과 장자권을 상징하는 것이며, 거룩한 도시의 열두 기초석에 기록된 열두 사도의 이름은 그 도시가 예수 그리스도의 십자가 위에 세워진 것임을 증거한다.

새예루살렘에 대한 이야기 가운데 주목해야 할 세 가지가 있는데, 첫째, 새예루살렘에는 성전이 따로 없고 하나님과 어린양이 친히 영원한 성전이 되신다는 것이다. 이것은 하나님의 영광의 본체와 예수 그리스도의 몸 안에는 거룩한 공간이 있다는 뜻이다.

둘째, 새예루살렘에는 해와 달이 필요 없고 하나님과 어린양이 거룩한 도시를 밝히는 빛이 되신다는 것이다. 이것은 하나님의 영광의 본체와 예수 그리스도의 몸은 우주적 에너지로 가득 차 있다는 뜻이다.

셋째, 하나님과 어린양의 보좌로부터 성령이 흘러나온다는 것이다. 이것은 하나님의 영광의 본질인 성령이 하나님의 영광의 본체 안에만 머무르지 않고 물질성을 취한다는 뜻이다. 그러므로 성령과 물질은 같은 것이다.

하나님의 영광의 본체에서 흘러나오는 성령은 거룩한 도시를 하나님의 생명으로 충만케 할 뿐 아니라 새하늘과 새땅 전체를 하나님의 영광으로 가득 채우는 능력이 되어 마침내 새로운 물질 세계는 하나님을 아는 지식으로 충만한 거룩한 공간이 된다. 하나님과 물질 세계가 성령을 통하여 온전히 하나가 된 것이다.

성령과 신부

계 22:6-21

22:6

Καὶ εἶπέν μοι· οὗτοι οἱ λόγοι πιστοὶ καὶ ἀληθινοί, καὶ ὁ κύριος ὁ θεὸς τῶν πνευμάτων τῶν προφητῶν ἀπέστειλεν τὸν ἄγγελον αὐτοῦ δεῖξαι τοῖς δούλοις αὐτοῦ ἃ δεῖ γενέσθαι ἐν τάχει.

그리고 그 천사가 나에게 말했다.

"이 말씀들은 성실하고 진실하다. 주, 곧 선지자들의 영들의 하나님께서 반드시 속히 이루어질 것들을 그의 종들에게 보여주기 위해 그의 사자를 보내셨다.

22:7

καὶ ἰδοὺ ἔρχομαι ταχύ. μακάριος ὁ τηρῶν τοὺς λόγους τῆς προφητείας τοῦ βιβλίου τούτου.

그리고 보라, 내가 속히 오리라. 이 책의 예언의 말씀들을 지키는 자들은 행복하다."

22:8

Κἀγὼ Ἰωάννης ὁ ἀκούων καὶ βλέπων ταῦτα. καὶ ὅτε ἤκουσα καὶ

ἔβλεψα, ἔπεσα προσκυνῆσαι ἔμπροσθεν τῶν ποδῶν τοῦ ἀγγέλου τοῦ δεικνύοντός μοι ταῦτα.

그리고 나 요한은 이것들을 보고 들은 자다. 그리고 내가 듣고 보았을 때, 나는 나에게 이것들을 보여준 천사의 발 앞에 경배하기 위해 엎드렸다.

22:9

καὶ λέγει μοι· ὅρα μή· σύνδουλός σού εἰμι καὶ τῶν ἀδελφῶν σου τῶν προφητῶν καὶ τῶν τηρούντων τοὺς λόγους τοῦ βιβλίου τούτου· τῷ θεῷ προσκύνησον.

그러자 그가 나에게 말한다.

"보라, 아니다. 나는 너와 너의 형제들인 예언자들과 이 책의 예언의 말씀들을 지키는 자들과 함께 종 된 자다."

22:10

Καὶ λέγει μοι· μὴ σφραγίσῃς τοὺς λόγους τῆς προφητείας τοῦ βιβλίου τούτου, ὁ καιρὸς γὰρ ἐγγύς ἐστιν.

그리고 그가 나에게 말한다.

"이 책의 예언의 말씀들을 봉인하지 말라. 이는 때가 가까움이라.

22:11

ὁ ἀδικῶν ἀδικησάτω ἔτι καὶ ὁ ῥυπαρὸς ῥυπανθήτω ἔτι, καὶ ὁ δίκαιος δικαιοσύνην ποιησάτω ἔτι καὶ ὁ ἅγιος ἁγιασθήτω ἔτι.

불의를 행하는 자는 계속 불의를 행하고, 더러운 자는 계속 더러워져라. 그리고 의로운 자는 계속 의를 행하고, 거룩한 자는 계속 거룩해져라.

22:12

Ἰδοὺ ἔρχομαι ταχύ, καὶ ὁ μισθός μου μετ᾽ ἐμοῦ ἀποδοῦναι ἑκάστῳ ὡς τὸ ἔργον ἐστὶν αὐτοῦ.

보라, 내가 속히 오리라. 그리고 그의 행위대로 각 사람에게 갚아줄 나의 상급이 나와 함께 있다.

22:13

ἐγὼ τὸ ἄλφα καὶ τὸ ὦ, ὁ πρῶτος καὶ ὁ ἔσχατος, ἡ ἀρχὴ καὶ τὸ τέλος.

나는 알파와 오메가요, 처음이요 나중이며, 시작과 끝이다.

22:14

Μακάριοι οἱ πλύνοντες τὰς στολὰς αὐτῶν, ἵνα ἔσται ἡ ἐξουσία αὐτῶν ἐπὶ τὸ ξύλον τῆς ζωῆς καὶ τοῖς πυλῶσιν εἰσέλθωσιν εἰς τὴν πόλιν.

생명의 나무에 그리고 그 도시에 들어가는 문들에 자기의 권세가 있게 하기 위해 자기의 옷을 빠는 자들은 행복하다.

22:15

ἔξω οἱ κύνες καὶ οἱ φάρμακοι καὶ οἱ πόρνοι καὶ οἱ φονεῖς καὶ οἱ εἰδωλολάτραι καὶ πᾶς φιλῶν καὶ ποιῶν ψεῦδος.

그러나 개들과 마술하는 자들과 음행하는 자들과 살인자들과 우상 숭배 자들과 거짓말을 좋아하고 행하는 모든 자는 밖에 있으리라.

22:16

Ἐγὼ Ἰησοῦς ἔπεμψα τὸν ἄγγελόν μου μαρτυρῆσαι ὑμῖν ταῦτα ἐπὶ ταῖς ἐκκλησίαις. ἐγώ εἰμι ἡ ῥίζα καὶ τὸ γένος Δαυίδ, ὁ ἀστὴρ ὁ λαμπρὸς ὁ πρωϊνός.

나 예수는 교회들에게 이것들을 증거하기 위해 나의 사자를 너희에게 보냈다."

22:17

Καὶ τὸ πνεῦμα καὶ ἡ νύμφη λέγουσιν·

ἔρχου.

 καὶ ὁ ἀκούων εἰπάτω·

ἔρχου.

καὶ ὁ διψῶν ἐρχέσθω,

ὁ θέλων λαβέτω ὕδωρ ζωῆς δωρεάν.

그러자 성령과 신부가 말한다.

"오시옵소서."

그리고 듣는 자는 말하라.

"오시옵소서."

목마른 자는 오라. 원하는 자는 생명의 물을 거저 받으라.

22:18

Μαρτυρῶ ἐγὼ παντὶ τῷ ἀκούοντι τοὺς λόγους τῆς προφητείας τοῦ βιβλίου τούτου· ἐάν τις ἐπιθῇ ἐπ᾽ αὐτά, ἐπιθήσει ὁ θεὸς ἐπ᾽ αὐτὸν τὰς πληγὰς τὰς γεγραμμένας ἐν τῷ βιβλίῳ τούτῳ,

나는 이 책의 예언의 말씀들을 듣는 모든 자에게 증거한다. 만약 누가 그것들 위에 무엇을 덧붙이면, 하나님께서 그에게 이 책에 기록된 재앙들을 덧붙이실 것이다.

22:19

καὶ ἐάν τις ἀφέλῃ ἀπὸ τῶν λόγων τοῦ βιβλίου τῆς προφητείας ταύτης, ἀφελεῖ ὁ θεὸς τὸ μέρος αὐτοῦ ἀπὸ τοῦ ξύλου τῆς ζωῆς καὶ ἐκ τῆς πόλεως τῆς ἁγίας τῶν γεγραμμένων ἐν τῷ βιβλίῳ τούτῳ.

그리고 만약 누가 이 예언의 책의 말씀들로부터 무엇을 제거하면, 하나님께서 이 책에 기록되어 있는 생명의 나무에게서 그리고 거룩한 도시로부터 그의 몫을 제거할 것이다.

22:20

Λέγει ὁ μαρτυρῶν ταῦτα·

ναί, ἔρχομαι ταχύ.

Ἀμήν, ἔρχου κύριε Ἰησοῦ.

이것들을 증거하는 자가 말한다.

"그렇다. 내가 속히 오리라."

아멘, 주 예수여 오시옵소서.

22:21

Ἡ χάρις τοῦ κυρίου Ἰησοῦ μετὰ πάντων.

주 예수의 은혜가 모든 사람과 함께.

해설

　이렇게 어린양 예수 그리스도와 그의 신부인 교회의 사랑 이야기는 오늘도 종말론적 희망의 미래를 향하여 나아가고 있다. 그것은 아직 완성되지 않았고, 진행 중이다.

　약혼 중인 신랑과 신부의 그리움은 얼마나 절절한 것인가! 교회는 영광 가운데 주님을 만나기 위해 고난 중에 인내하며, 순교로서 그리스도에 대한 자신의 사랑을 증거한다. 마침내 어린양과 신부가 만나고, 영화로운 결혼식이 있는 날, 새하늘과 새땅은 기쁨으로 진동할 것이고, 하늘의 천사들은 부러워할 것이다.

　이제 성령과 하나가 된 신부의 몸은 영원한 성전이 된다. 그리고 성령과 하나가 된 신부는 예수 그리스도를 통하여 하나님의 영광의 본질에 참여하는 축복 속으로 들어간다.